동물이 만드는
지구 절반의 세계

동물이 만드는
지구 절반의 세계

서가
명강
33

인슐린 발견에서 백신의 기적까지
인류의 역사를 뒤바꾼 동물들

장구 지음

서울대학교
수의학과 교수

21세기북스

인문학
人文學, **Humanities**

철학, 역사학, 종교학, 문학,
고고학, 미학, 언어학

자연과학
自然科學, **Natural Science**

과학, 수학, 의학, 물리학,
생물학, 화학, 수의학

사회과학
社會科學, **Social Science**

경영학, 법학, 사회학,
외교학, 경제학,
정치학, 심리학

공학
工學, **Engineering**

기계공학, 전기공학, 컴퓨터공학,
재료공학, 건축공학, 산업공학

수의학
獸醫學,
Veterinary Medicine

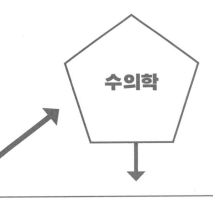

수의학

수의학이란?

獸醫學, Veterinary Medicine

동물의 건강과 질병, 의료 및 진료를 연구하는 학문으로 여러 분야
과학 지식의 응용과 기술 습득이 필요하다. 산업동물, 반려동물,
야생동물 등 모든 동물종의 건강 유지와 질병 예방을 목표로 하고 있다.
인수공통감염병의 방어, 환경위생과 식품위생, 생물다양성의 보전 등
인간의 건강을 관리하고 생명을 지키는 데에 중요한 역할을 하고 있어 우리
사회의 광범위한 분야 발전에 필수적인 학문이다. 동물의 생리학, 해부학,
병리학, 약리학, 수술학, 진단학 등 다양한 학문 분야 지식뿐만 아니라
공학, 농학, 해양학, 사회학 등의 측면도 지니고 있다.

이 책을 읽기 전에 주요 키워드

분자생물학

생물체의 생명 과정을 이루는 다양한 분자들의 구조와 기능을 연구하며, 이들의 상호 작용, 제어 과정을 이해하고 생물학적 현상을 밝히는 학문. 질병의 원인과 기전을 연구하는 등 응용 분야에도 기여한다. 전염병 발생 시, 바이러스의 구조를 밝히고 신속하게 진단하여 백신 개발로 이끌 수 있는 바탕에는 분자생물학을 바탕으로 한 생명공학 기술이 존재한다.

트랜스제네시스(transgenesis)

한 생물종의 유전자를 다른 종의 생명체에 넣어 특정 결과를 발생하도록 하는 기술. 생물체의 특정 유전자가 어떠한 역할을 하는지 이해하고자 할 때 사용된다. 유전질환을 지닌 동물을 통해 새로운 치료 후보 물질의 효능과 안전성을 확보하곤 하는데, 이때 유전질환이 발생하도록 외부에서 질환 유전자를 생물체에 넣어주는 기술로 이용된다.

DNA

생물 정보를 담고 있는 분자. 아데닌(A), 시토신(C), 구아닌(G), 티민(T)이라는 네 가지의 염기로 구성된 이중나선 구조의 고분자화학물을 말한다. 모든 생물체는 ACGT라는 DNA 코드를 기본 단위로 삼고 있으며, 이 코드가 무한 반복되어 무작위적으로 섞여 있다. 이러한 DNA의 염기 서열을 해독해 각 염기 서열을 알아내는 것을 시퀀싱이라고 한다. 이 시퀀싱을 통해 유전체의 정보를 해독하고, 유전자의 역할과 기능, 질병 유발 메커니즘, 진화 과정 등을 연구할 수 있다.

만능세포

여러 종류의 세포와 조직으로 분화되어 형성될 수 있는 잠재력을 가진 세포. 만능세포를 이용하여 원하는 세포를 만들 수 있다면, 매번 원하는 조직에서 세포를 분리하지 않아도 된다. 배아줄기세포라는 이름으로 더 잘 알려져 있다. 배아줄기세포는 착상 직전 단계 세포인 배아 단계에서 얻어진다.

종두법

인류 최초의 백신이자, 우두(牛痘)를 사람에게 접종하는 일종의 예방접종법. 1796년 영국의 의학자 에드워드 제너(Edward Jenner)에 의해 목장에서 일하는 사람들이 천연두 바이러스에 감염되지 않는다는 사실로부터 착안되었다. 최초의 종두법은 소의 바이러스에 감염된 사람의 고름을 채취해 직접 접종하는 방식이었다. 종두법의 시행으로 오늘날 천연두 바이러스는 인류가 처음이자 마지막으로 종식시킨 전염병으로 기록되어 있다.

오가노이드(organoid)

장기유사체, 미니장기나 유사장기라고도 부른다. 배아줄기세포, 유도만능 줄기세포 등을 시험관에서 배양하거나 재조합해 같은 조직을 구현한 것이다. 동물은 물론 인체 장기의 구조와 기능을 하도록 만들 수 있다. 인공 장기를 만들거나, 직접 바이러스나 미생물을 주입하지 않아도 간접적으로 실험이 가능하여 임상실험에 앞서 약물 효능 평가에 사용할 수도 있다.

인실리코(in silico)

가상 실험에서의 컴퓨터 시뮬레이션, 모델링, 데이터 분석의 수행. 실제 실험실이나 생명체 대신 컴퓨터를 기반으로 한 가상환경에서의 연구 수행을 말한다. 단일세포에서 유전자를 추출해 그 특성을 컴퓨터에 저장하는데, 이 자료들은 최근 인공지능 기술과 결합되면서 점차 정확도가 높아지고 있다. 이제 유전정보를 입력하는 것만으로 동물실험에 대한 결과를 예측할 수 있는 수준이 되어, 인실리코 분석 연구는 이제 일부에서 동물실험을 거치지 않아도 인정될 만큼 높은 정확도를 보인다.

원헬스(One Health)

사람과 동물, 환경의 건강이 하나의 사이클 안에 있고, 상호 의존성이 있다고 보는 개념이다. 사람·동물·환경의 연관성과 복잡한 상호작용을 고려하여 인수공통감염병 예방 및 통제 등 위기의 영향을 완화하고, 전체적인 건강과 안녕을 개선하는 것을 말한다.

차례

1부 지구 공동체를 위한 생명과학의 재발견

2부 동물은 어떻게 인류를 구하는가

"지구는 하나의 거대한 생명체다. 사람과 동물, 환경이 함께 건강할 때 비로소 살아 있을 수 있다."

인간을 위한 동물, 동물을 위한 인간

2017년 즈음부터 전공자가 아닌 이들을 위한 과학 인문학 특강을 하고 있다. 그전에는 수업과 학회 활동 안에서만 연구 내용을 설명해왔는데, 중학교 때 은사님께서 강의 요청을 하신 것이 처음 계기가 되었다. 교육청에서 주관하는 과학 인문학 특강의 청자는 과학 교사와 학부모들이었다. 어떤 내용을 전달해야 할지 고민되었다. 가장 최신의 흐름과 성과에 대한 보고를 하는 자리가 아니었기 때문에, 비전공자도 알 만한 내용을 중심으로 다양한 동물과 그에 얽힌 과학 이야기를 하기로 정했다. 첫 대중 강연이라 좀 더 눈에 잘 들어오게 다양한 사진을 넣고, 소개할 내용에 관한 재미있는 비유도 준비했다.

이 분야에 관심 있는 분들이 이렇게나 많다는 사실에 놀라며 성심껏 준비한 강의를 마쳤다. 은사님을 비롯해 반가운 분들과 함께한 식사 자리로 이날의 일정은 마무리됐는데, 끝나고 돌아갈 채비를 하는 내게 은사님께서 조용히 말씀하셨다. 강의가 너무 어려웠다고, 내용 중에 영어가 많은데 대부분이 처음 들어보는 단어였다고 하셨다.

올라오는 기차에서 강의를 듣던 청자들의 모습을 되짚어 보았다. 그분들의 진중한 눈빛은 난해한 내용을 이해하려는 최선의 노력을 담고 있던 것 같았다. 내가 쓰는 용어들은 대부분 영어로, 그렇게 표현하는 것이 가장 적확한 의미를 전달하지만 전공자가 아닌 이상 고등학교에서 배우는 과학이 마지막임을 고려하면 내 강의는 어려운 단어 때문에 난해했을 것 같았다. 학생들에게 좋은 내용을 교육하고자 그 자리에 참석하신 많은 분들의 시간을 구멍 나게 만든 것 같아 착잡했다.

이후로는 내용을 좀 더 간결하게, 큰 흐름을 중간중간 되짚으며 더 쉽게, 가능하면 한글로 설명될 수 있는 용어를 쓰도록 노력해왔다. 교사들이 주된 청자였던 강의는 점차 폭을 넓혀갔는데, 교양강좌를 듣고 싶어 하는 시민들과 진로 탐색을 하는 중고등학생들에게로 확대될수록 수의학에 관해 무엇을 전달할지 그 방향을 고심하게 된다.

수의학은 동물의 해부학, 생리학 등 의학을 기본으로 환자를 치료하고 질병을 예방하는 것이 학문의 주된 줄기이다. 이것은 유전자와 세포 단위의 아주 작은 부분에 대한 이해를 기반으로 하여, 동물 개체의 몸 안에서 유기적으로 반응하며 생기는 질병을 분석한다. 나아가 생물 군집과 다양한 종의 상호작용을 분석해 생태계의 흐름을 관조하는 것으로 확장된다.

수의학과 생물학의 차이점이 여기에서 비롯한다. 생물학은 한 가지 주제를 깊게 파고들어 근원의 근원까지 밝혀내는 예리한 지적 탐구를 목표로 하는 반면, 수의학은 부분과 부분을 연계해 통합하는 사고를 더욱 요구한다.

또한 수의학은 연구 대상이 다르다는 점에서 의학과 차이가 있지만, 그 외의 대부분은 궤를 같이한다. 이것은 연구할수록 더 와닿는 부분이다. 임상 수의사들도 사람의 질병과 동물의 질병이 발생과 치료에 있어서 유사하다는 것은 잘 알고 있다. 사람의 약을 동물들에게도 용량을 다르게 하여 처방하기 때문이다. 하지만 연구하는 수의사의 입장에서 인간은 수많은 동물 종 가운데 하나가 된다. 수의학적 연구와 고찰이 인간 질병 이해의 기반이 되는 것이다.

코웃음을 칠 낯선 주장이라고 여길 수도 있다. 그만큼 선진국에 비해 한국에서는 동물의 질병과 치료를 연구하는 환경이 열악한 것이다. 하지만 이 연관성을 상기하게 되는 계기는 때때로 찾아오는데, 대부분은 동물의 질병이 인간에게 전파되는 때이다.

사람과 동물에서 서로 전염되는 질병을 인수공통전염성 질병이라고 한다. 인류가 지구라는 한정된 공간에서 채집과 포획을 거쳐 산업을 발달시키고 미개척지를 개발하는 동안, 동물과 인간은 서로의 삶에 영향을 주고받아 왔다. 이런 일련의 변화는 그동안 동물들의 서식지를 파괴하고 종의 감소를 부추겼지만, 이제 와 되짚어보면 인간에게도 그 고통이 부메랑처럼 되돌아오는 것 같다. 바로 동물의 질병이 인간에게 전염되어 예상치 못한 피해를 주는 인수공통전염성 질병을 통해서 말이다.

인수공통전염성 질병으로 인한 가장 최근의 심각한 피해는 코로나19이다. 그전에도 신종플루, 메르스 호흡기 증후군 등 팬데믹의 위기가 있었지만, 흑사병 이후로 인류

에게 가장 강력한 팬데믹의 공포를 심어준 질병은 코로나
19였을 것이다. 막대한 경제적 손실만큼 막대한 자금의 투
자도 이루어지기 때문에 전 세계 과학자들과 제약회사들
이 뛰어드는 유래 없는 백신 개발이 진행되었다. 수많은 놀
라운 지표들 중에서도 약 1년이라는 단기간 동안에 백신이
개발되어 보급되었다는 점에서 말이다.

　지난하고 어두운 시간 동안 나는 수의사로서 복잡한 심
정이었다. 그동안 신약 개발을 위해 실험동물을 이용하는
것에 관한 규정은 윤리적으로 점차 다듬어지며, 실험동물
의 희생을 최소화하는 흐름을 따라갔다. 하지만 대량의 인
명피해 앞에서 그런 여유를 부릴 수는 없었던 것이다. 이번
코로나19로 많은 실험동물의 희생이 있었고, 이것을 비난
할 생각은 없다. 하지만 적어도 실험동물의 생사를 바탕으
로 일상으로 돌아온 우리들은 그 희생을 기리고 감사하는
마음을 가져야 한다. 그것이 수많은 종을 이용하고 보호하
는 단 하나의 종으로서의 자세라고 생각한다.

　동물들은 여전히 자신들의 질병과 고군분투하고 있다.
대개는 자연면역 획득이나 죽음으로 종결되는 외로운 싸
움이다. 인간이 이득을 얻기 위해 돌보는 동물, 즉 산업동

물의 경우에는 동물이 원치 않았음에도 이런 질병과의 싸움에 인간이 개입한다. 구제역, 조류독감, 아프리카돼지열병 등 뉴스에 한 번씩 등장하는 질병들은 산업적 손실을 발생시켜, 임상 수의사들을 바쁘게 뛰게 하고 관련 연구를 재촉하는 것들이다.

한편 돈과 관련이 가장 적은 연구는 멸종위기 종을 살피는 연구일 것이다. 내가 캐나다에서 연구를 하던 20여 년 전, 미국의 한 동물원에서 멸종을 앞둔 동물의 세포에서 줄기세포를 만들었다는 뉴스를 보았다. 아마도 미래에는 이런 세포를 이용해 생식세포를 만들거나 동물의 질병 특성을 연구하는 데 쓰일 수 있을 것이란 생각을 했다. 그래서 한국에 돌아와 교수로 연구실을 운영하면서부터 구체적인 목적도 정하지 않고 16년에 걸쳐서 20여 종 이상의 세포를 분리해 보관해오고 있다. 최근에는 한 교수님이 바이오 소 가죽(대체 가죽) 연구에 필요하다 하셔서 특정 품종의 소 세포를 제공했다. 나 또한 유전자 편집 기초연구에 이 세포를 이용할 아이디어가 떠올라 진행 중이다.

나는 개인적으로 생물학 연구자들의 순수하고 집요한 지적 탐구를 존경한다. 그 분야의 연구자들은 서로가 서로의 연구를 이해하지 못할 수도 있다. 각자가 자신의 주제를 심오한 수준까지 파고들기 때문이다. 한편 의학은 질병 치료라는 최종 관문에 가장 가까이에서 실질적 도움을 준다. 천문학적인 자금력으로 막대한 비용이 들어가는 임상시험을 진행하고, 기초연구를 지원한다.

생명과학에는 많은 분야가 있지만 그 시작과 끝을 생물학과 의학이라고 놓고 본다면, 수의학은 그 중간에 위치한다고 할 수 있다. 생물학 분야의 이론이 세포 단위에서 성공하면, 수의학은 그 세포를 하나의 생물체로 현실화하여 증명한다. 또한 의학 분야의 신약과 새로운 치료법이 인간을 대상으로 하기 전에, 수의학은 동물에게 효능 효과와 부작용을 모니터링하는 단계에서 인류의 안녕을 도모한다. 생명과학의 시작과 끝을 잇는 그 중간 영역은 얼마든지 수의학의 역량으로 확장될 수 있다. 그리고 수의사의 고유한 의무로서 동물과 인간의 공존을 지향하는 것, 이들이 수의학에 대해 내가 강의하고 싶은 내용이다.

2023년 9월
장구

1부_____

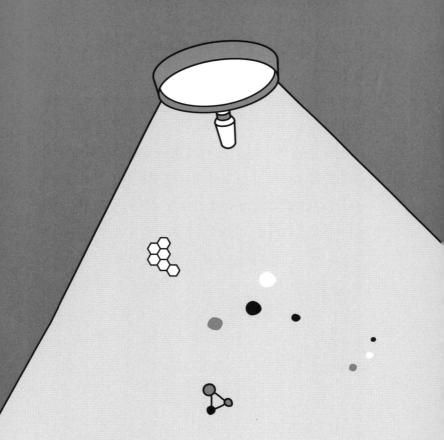

지구
공동체를
위한

생명
과학의
재발견

유전자와 그 기능에 대한 이해는 과학의 발전과 인류 삶의 개선을 위해 필수적이라고 할 수 있다. 생명공학의 발달과 그 기초가 되는 분자생물학의 역사적인 수확들은 오늘날 인류의 미래를 담보해주었다. 그런 의미에서 이를 바탕으로 한 수의학은 동물의 질병을 이해하고 치료 및 예방하는 것에 국한되어 있지 않으며, 인류의 보건 및 건강을 넘어 결국 생태계 보전을 향하고 있다.

수의학의 역사가
들려주는 인류의 미래

수의학이란 무엇인가

최근에는 반려동물에 대한 인식 변화로 국내에서도 수의학이라는 학문에 대한 관심이 커지고 있는 추세다. 더구나 코로나19의 새로운 백신 및 치료제가 개발되어 동물이 현대 의학에 끼친 영향력을 실감하게 된다. 현재 우리가 누리고 있는 건강한 삶에는 많은 동물들의 공로가 있다.

일반적으로 수의학은 쥐와 토끼와 같은 실험동물, 개와 고양이와 같은 반려동물, 거북이, 도마뱀을 비롯한 외래동물, 산에 서식하는 야생동물, 닭이나 돼지, 소와 같은 농장동물 등의 질병 치료 및 예방을 위한 학문으로 정의한다. 즉 동물 질병의 치료 및 예방이 수의학의 기본이라고 할 수 있다. 그뿐만 아니라 수의학은 사람이나 척추동물 사이에서 자연적으로 감염되는 전염병인 인수공통전염병의 예방 및 방역을 위한 학문이기도 하다. 그렇기 때문에 광범위한 의미에서 보면 수의학은 환경위생, 식품위생, 환경 생태계 보존 등 공중보건의 향상이 목적이기도 하다. 결국 수의학에는 인류의 보건을 증진하고 모든 생물과 어우러져 살아가는 생태계 보전의 의미가 궁극적으로 내포되어 있다고 할 수 있다.

그런 만큼 수의학이라는 학문은 여러 학문과 융복합적으로 밀접한 관련을 맺고 있다. 기초 학문 분야에서 자연과학, 의학, 나아가서 치의학, 약학, 보건학의 요소를 두루 갖추고 있을 뿐만 아니라 동물의 활동과 관련한 공학, 생산성에 관한 농학, 물속 생물을 연구하는 해양학, 사람과의 관계를 탐구하는 사회학 등의 측면도 지니고 있다고 할 수 있다. 예를 들어 의학 분야에서는 여러 수술법 등을 개발할 때 먼저 동물로 연습해, 실제 사람을 수술할 때 발생할 수 있는 점을 미리 생각할 수 있다. 다른 예로 공학 분야에서는 농장동물인 젖소의 젖을 짜는 로봇 착유기 개발과 같은 분야가 연결될 수 있다고 하겠다.

또한 약학 분야에서도 동물의 도움을 받는다. 약의 효능을 파악하기 위해 동물에게 약을 사용하는데, 이때 사람과 동물에서 반응하는 것이 같을 수도 있고 다를 수 있기 때문에 수의사의 존재가 요구된다. 예를 들어 고양이에게는 우리가 해열제로 흔하게 먹는 타이레놀 성분을 분해할 수 있는 효소가 없다. 타이레놀을 먹이면 이를 분해하지 못해 중독증에 걸릴 수 있어, 타이레놀 관련한 연구에는 적합하지 않은 동물이다. 이외에도 최근 들어 확장된 연구 분야는 반려동물과 관련이 있다. 반려동물이 가족으로서 살아가면서 인간의 삶과 정서에 미치는 영향을 분석하는 사회학적 연구 분야와도 함께하고 있다.

우리나라 수의학의 역사를 살펴보면 고려 및 조선 시대로 거슬러 올라간다. 당시에는 마의馬醫 또는 수의獸醫라는 관직이 존재했는데, 이들은 의학에 능통한 자들로 동물의 진료와 교육을 담당했다고 전해진다. 1076년 수의 박사가 지방행정기관인 12목에 배치되었다는 기록이 이를 뒷받침한다. 시간이 흘러 1906년 수원에 농림학교가 설립되었으며 1908년 1년제의 수의속성과가 만들어져 20명의 졸업생을 배출했다. 이후 1937년에는 조선총독부가 제정한 조선 수의사 규칙에 의해 수의사 면허 제도가 도입되었고, 1941년에는 수의사 시험 제도가 시행되었다. 이후 수의학은 1998년에 4년제에서 6년제 과정으로 개편되었고, 현재는 전국 10개의 대학교에 설립되어 운영 중이다.

수의과대학에서 가르치는 학문 영역은 크게 두 가지로 나뉜다. 반려동물, 야생동물, 산업동물 및 동물원동물 등을 진료하는 '임상 분야'와 동물의 질병 예방과 진단을 연구하는 '비임상 분야'다. 특히 임상 분야에서의 활동은 사람의 내과 및 외과적인 부분과 비슷하다고 생각하면 쉽게 이해할 수 있으며, 사람들에게 식량을 제공해주는 산업동물의 경우는 동물의 임신과 출산에 관한 산과 또한 매우 중요한 영역에 속한다. 비임상 분야는 동물의 해부학, 생리학, 미생물학 등이 이에 해당된다. 비임상 분야는 질병의 발생에 대한 근본적인 이해를 통한 신약 및 백신 개발 연구에 집중하고 있다.

또 다른 형태로 수의학을 세 분야로 나누기도 한다. 크게 기초수의학, 예방수의학, 임상수의학으로 나뉘는데, 수의과대학에서 이루어지는 교육과정이 주로 이 순서대로 이루어진다고 생각하면 된다. 따라서 수의과대학에 입학

하면 저학년 때는 기초수의학을 바탕으로 해서 동물의 전체적인 해부학적 구조, 생리-생화학적 특징에 대한 공부를 하고, 이후 질병을 일으키는 병원체에 대한 정보와 병원체로 인한 조직의 변화를 관찰한다. 나아가 병원체를 예방할 수 있는 학문에 대한 공부를 하고(예방수의학), 마지막으로는 실제 동물에서 발생될 수 있는 임상적인 상황에 대한 공부를 하고 수의학을 졸업하게 된다.

이런 통합적인 수의학 교육을 이수하고 국가에서 시행되는 수의사국가시험을 통과하면, 비로소 수의사 면허증이 교부되고 수의사로 활동할 수 있는 자격이 주어진다. 수의사 면허증을 취득하고 직접적으로 동물을 치료하는 임상 의사로 진출하는 경우도 있지만, 앞서 이야기한 것처럼 기초와 예방수의학 분야에 진출해 질병 발생의 원인 및 예방 등에 대해 연구하기도 한다. 이를 통해 국내외 연구 기관 및 공직에도 진출하고, 나아가 세계동물보건기구World Organization for Animal Health, WOAH와 같은 국제기구 활동 등 다양한 영역으로 진출이 가능하다.

수의학의 기초인 분자생물학의 토대들

앞서 이야기한 것처럼 수의학은 기본적으로 동물의 질병의 원인, 예방 및 치료를 위한 교육과 연구가 중점으로 되어 있다. 수의학의 시작이라고 할 수 있는 '질병의 원인 파악'을 위해서는 진단이 우선인데, 질병 이해의 기반이 되는 관련 지식을 분자생물학을 통해서 배운다. 실제로 조금이라도 질병을 다루는 학문 분야에서는 분자생물학과 관련된 전공 과목을 필수로 이수하도록 한다.

수의학뿐 아니라 진단 기술 개발 등을 비롯한 모든 생명과학 분야에서는 분자생물학의 이해가 필수적이라고 볼 수 있다. 코로나19와 같은 새로운 전염병이 발생했을 때, 바이러스를 신속하게 진단하고 병원체의 구조를 밝혀 백신을 개발한 것은 분자생물학을 근간으로 한 생명공학 기술의 대표적인 사례이다. 분자생물학자들은 오랜 기간 동안 DNA의 순서를 빠르고 정확하게 해독하려 노력했다. 이런 연구들을 바탕으로 새로운 생물종이 발견되었을때, DNA 구조를 분석할 수 있는 장비들과 컴퓨터 프로그램들이 개발되어왔다. 코로나19 바이러스가 확인되었을 때에도 많은 생명공학자들이 이 바이러스의 DNA 구조를 빠르게 파악할 수 있었으며, 이 결과를 기초로 백신과 치료제를 개발할 수 있었다.

그런 만큼 생물학의 역사 속에서 분기점이라 불릴만한 놀라운 연구는 분자생물학에서 이루어졌다. 바로 1953년 미국과 영국의 분자생물학자 제임스 왓슨James Watson과 프랜시스 크릭Francis Crick이 밝혀낸 'DNA의 이중나선 구조' 연구다. 이 사건은 분자생물학이 앞으로 우리 삶에 가져올 변화를 예견하는 신호탄이었다.[1] 이에 대한 공로로 이들에게는 1962년 노벨 생리의학상이 주어졌다.

1973년에는 문서를 작성할 때 복사와 붙여넣기를 하듯이 DNA 또한 실험실에서 만들 수 있다는 것이 미국의 생화학자 스탠리 코언Stanley Cohen과 허버트 보이어Herbert Boyer 등에 의해 증명되었다.[2] 이렇게 실험실에서 DNA를 다룰 수 있게 되면서, 1974년 영국의 생물학자 루돌프 재니쉬 Rudolf Jaenisch와 미국의 유전학자 비어트리스 민츠Beatrice Mintz 는 외부의 DNA를 쥐의 배아에 삽입해 트랜스제닉 마우스 transgenic mouse를 처음으로 만드는 데 성공한다.[3]

과학자들은 어떤 목적으로 트랜스제닉 마우스를 만들었을까? 트랜스제닉 마우스가 현대 과학에서 어느 정도로 중요한지 생각한다면 이들의 선견지명이란 놀라울 지경이다. 예를 들어 특정 유전질환이 있는 사람이 있다고 하면, 우리는 그 유전질환을 연구하기 위해서는 그 사람으로부터 필요할 때마다 혈액을 뽑아야 한다. 또는 새로운 치료물질이 나오면 그 사람에게 직접 테스트를 해야 하는데, 이때 부작용이 발생할 경우 사람이 죽을 수 있다.

이를 대체해서 특정 유전질환을 가진 동물이 있다면, 우리는 그 동물로 유전질환의 발생에 대해서도 이해할 수 있고, 새로운 치료 후보 물질이 나오면 그 동물을 통해서 효능과 안전성을 확보할 수 있을 것이다. 하지만 동물에서 사람의 유전질환이 발생되지 않는다면, 그 유전질환이 발생되도록 외부에서 질환 유전자를 생물체에 넣어주는 기술 개발이 필수적이다. 이렇게 외부의 유전자를 다른 생명체에 집어넣어서 특정 결과가 발생되도록 하는 기술이 바로 앞서 이야기한 트랜스제네시스 기술이다.

새로운 형질의 DNA를 개체에서 발현시키는 이 기술은, 실험실에서 DNA를 분석하는 기초연구만큼이나 중요하다. 이 분야의 과학자들은 세포와 배아에 새로운 단백질과 유전자를 넣는 것에 꾸준히 도전해왔다. 특히 배아에 새로운 단백질 및 유전자를 넣는 연구를 위해서는 항상 수정된 배아를 실험실에서 안정적으로 생산해 뒷받침해주어야 하기 때문에, 이를 위한 동물의 생식세포 연구도 비약적으로 이루어졌다. 이런 생식세포 연구가 누적이 되어 1978년에는 영국의 생리학자 로버트 에드워즈Robert Edwards에 의해 여성의 몸 밖에서 수정을 이뤄낸 최초의 시험관 아기 루이스 브라운Louise Brown이 태어났다.[4] 오늘날에는 없어서는 안 될 과학기술이며 그 공로를 인정받아 2010년 노벨 생리의학상을 수상했지만, 당시에만 하더라도 상당히 큰 윤리적 및 종교적 논란을 일으켰다.

1982년에는 유전자 재조합 기법에 따라 당뇨병 치료제인 인슐린을 대량 생산할 수 있는 시스템이 만들어졌으며, 이런 유전자 기술을 토마토에 적용해 1994년에는 쉽게 무르지 않은 토마토인 플레이버 세이버Flavr Savr가 개발되어 미국 FDA의 승인을 받았다. 그리고 1997년 포유류는 복제할 수 없다는 기존의 상식을 뒤엎고 영국의 발생학자 이안 윌머트Ian Wilmut에 의해 복제양 돌리가 탄생했다.[5] 정자와 난자의 수정 없이 난자와 체세포만으로 생명이 태어날 수 있다는 것을 확인한 획기적인 사건이었다. 이후 유전자 기술들의 발전으로 2006년에는 염소의 젖에서 추출 분리한 항응고제 에이트린이 유럽 FDA의 승인을 받았다.

　최근에는 DNA의 특정 부분을 절단하는 유전자가위를 실제 사람에 적용한 사건이 발생해 전 세계 과학자들을 경악하게 했다. 2018년, 중국의 과학자 허젠쿠이賀建奎는 사람의 정자와 난자를 수정시킨 후에 수정된 배아에 유전자가위를 주입했다. 유전자가위가 주입된 두 개의 수정란이 대리모 여성에 이식이 되었고, 실제 착상이 되어 쌍둥이가 태어났다. 태어난 쌍둥이를 검사해보니, 실제로 그중 한 명에서는 주입된 유전자가위가 특정 유전자를 절단했고, 절단된 유전자는 다시 회복하는 과정에서 의도한 돌연변이가 발생되었음을 확인할 수 있었다. 돌연변이가 발생된 유전자의 이름은 CCR5이며, 이 유전자의 기능 중의 하나는 HIV 바이러스에 저항성을 가질 수 있다는 것이다. 이론적으로 돌연변이가 생긴 아이는 HIV 바이러스에 걸리지 않을 것으로 예상되지만, 또 다른 문제점은 아직 CCR5에 대한 모든 기능을 우리가 알지 못한다는 데 있다. 그래서 돌연변이로 태어난 아이에게서 어떤 일이 일어날지 정확히 예측하기 어렵다.

이런 이유로 세계의 과학자들은 모든 안정성이 확인될 때까지는 유전자가위를 사람의 배아에 주입해 실제 사람이 태어나게 하는 연구를 금지하기로 결의했는데, 허젠쿠이 박사는 그 동의를 무시하고 맞춤형 아기를 탄생시켰다. 이 사건은 인간의 존엄성과 생명 윤리에 대해 큰 논쟁을 가져왔다. 현재 태어난 아기는 아직까지 건강상에 큰 문제가 없이 자라고 있다고 알려졌으며, 과학자들은 이 아이들이 어떻게 자라는지 또는 유전체에 어떤 문제가 있는지 주기적으로 연구해야 할 필요성이 있다고 의견을 제안한 상태라고 한다.

생명공학, 실험실을 넘어 일상 속으로

앞서 소개한 연구를 통해 개발된 생명공학 기술들을 포함한 다양한 연구들은 진화에 근거를 둔 연구, 동식물별 기능 차이에 대한 연구 등 여러 실험 연구에서 사용된다. 또한 유전적인 차이와 관련한 유전자 기능 탐구, 친자 감별 및 과학 수사, 유전병의 조기 진단 및 검사, 유전자 및 세포 치료, 신약 개발, 장기 이식 등의 분야에서도 폭넓게 응용된다. 이런 응용 기술들이 대부분 바이오메디컬 분야에 적용되다 보니 우리 삶과 거리가 있을 것 같지만, 실로 다양한 유전자 기술들이 우리 삶에 이미 가까이 적용되고 있다.

예를 들어 유전자를 변형해 비만 질환을 지닌 쥐를 대량 생산하는 기술이 개발 및 적용되어 관련 연구에 활용되고 있으며, 2004년 일본에서는 자연계에는 존재하지 않는 파란 장미가 개발되었다. 또한 2013년에는 줄기에서는 토마토, 뿌리에서는 감자를 수확할 수 있는 개량 식물 톰테이토 TomTato가 영국에서 개발되기도 했다. 흔히 접할 수 있는 콜리플라워, 브로콜리, 양배추, 케일, 콜라비도 모두 야생 겨자를 개량해 만들어진 식물이며, 한라봉, 천혜향, 레드향, 황금향, 청견도 마찬가지다. 이미 유전자 기술이 우리 삶에 깊숙이 들어와 있음을 보여준다.

그뿐만 아니라 과거에는 식물을 자연 속의 논과 밭 등에서만 재배해야 했지만 오늘날에는 실내 LED 조명을 이용해 식물을 키우기도 한다. 실제로 일본의 반도체 기업 후지쓰가 2016년 온실 관리 기술을 활용해 실내에 식물 생산 시스템을 구축하는 등 스마트팜은 미래 농업의 대안으로 떠오르고 있다. 이런 시도는 동물보다 식물 분야에서 더욱 활발히, 그리고 빠르게 일어나고 있는데 일상생활에 밀접히 접목되어 있는 만큼 미처 인지하지 못하는 경우가 많다.

여기에 초파리, 선충, 개구리, 쥐와 같은 설치류, 토끼, 원숭이 등 다양한 실험동물에도 유전자 기술이 적용되는 등 발전 속도에 더욱 박차가 가해지고 있다. 예를 들면 초파리, 선충과 같은 하등동물의 행동을 관찰하며 다양한 유전자의 기능을 연구하고 있다. 이런 연구 기반으로 2000년대에 들어와서는 설치류를 중심으로 유전자 기술의 적용은 빠르게 발전했다. IMPC International mouse phenotype consortium 라고 하는 국제 협력기관이 신설됐는데, 여기에 많은 국가들이 참여해서 유전자 변형 기술을 마우스에 적용해 여러 유전자의 기능이 실제로 마우스에서 어떻게 발현되는지에 대한 연구를 진행하고 있다.

이렇게 마우스에서 진행하는 유전자 연구들 중 사람에게 의미가 있는 연구들은 원숭이에게 적용하기 시작했다. 원숭이는 사람과 가장 가까운 동물이므로 모든 연구에서 사람에 적용하기 전에 거쳐야 하는 중요한 단계이다. 2000년대 이전에는 원숭이에서 특정 유전자를 발현시키고 편집하는 부분이 매우 어려웠다. 최근에는 마우스를 중심으로 다양한 유전자 발현 및 편집기술들이 발달해, 이를 상대적으로 쉽게 원숭이에게 적용할 수 있게 되었다. 원숭이들에 대한 연구는 앞으로 더욱 확대될 것으로 예상되며, 그 결과 인류는 더욱 질병으로부터 안전한 상황에 놓일 것이다.

2023년 국내에서도 사람의 유전병 연구를 위한 원숭이 모델을 개발하는 프로젝트가 시작되었다. 이 과정에서 윤리학자들은 원숭이를 포함한 영장류에 유전자 기술을 적용하게 되면 기술의 남용으로 부작용이 발생할 것으로 걱정하고 있다. 앞서 언급한 중국의 허젠쿠이와 같은 과학자가 계속해서 나올 것이라고 생각하기 때문이다. 이렇듯 과학기술의 혜택과 우려는 이미 삶의 곳곳에 존재하고 있다.

인간과 동물을 위한
최소한의 과학 공부

분자생물학이 밝힌 유전자 레고

유전자의 본체를 의미하는 DNA라는 용어는 이제 일상생활에서 흔히 사용하는, 낯설지 않은 개념이 되었다. 유명한 아이돌그룹 BTS의 〈DNA〉처럼 대중가요의 주제가 되기도 하는데, 사실 노래 가사에서 이야기하는 것과는 달리 DNA는 무언가를 직접 말해주지는 못한다.

DNA는 단백질로 스스로를 표현한다. 이는 분자생물학의 주요 개념인 '중심원리central dogma'로, DNA 이중나선 구조를 밝힌 분자생물학자 크릭이 1958년에 제안한 내용이다. 쉽게 말해 유전정보의 정보 전달 흐름을 말하는데, DNA는 스스로의 정보를 표현할 수 없기 때문에 RNA로

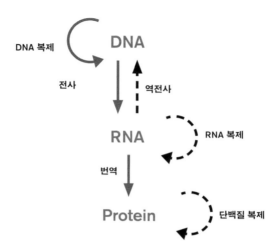

유전정보가 전달되는 중심원리

전사한 후, 이것을 단백질로 번역해 표현한다는 것이다. 예를 들어 토마토나 체리, 자두와 같은 과일의 빨간색은 빨간색 DNA에 담긴 색깔의 정보를 RNA로 전사한 다음, 이를 단백질로 번역한 결과가 표현된 것이다. 일반적으로 DNA와 RNA는 자가복제가 가능하며, 단백질은 대부분 자가복제가 되지 않지만, 아주 예외적으로 복제 생성되는 경우도 있다. 그런 의미에서 DNA에서 RNA를 거쳐 단백질로 되는 과정, 즉 중심원리 이론은 질병을 이해하고 치료하는 데 상당히 중요한 역할을 한다.

이 이론에 대해 좀 더 설명을 해보면 다음과 같다. DNA의 구조가 밝혀지기 전까지, 사람들은 막연히 DNA가 어떤 물질로 구성되어 있을 것으로만 추측했다. 과학기술의 발전으로 이제는 그 물질이 무엇인지 알게 되었다. 컴퓨터가 0과 1로 모든 정보를 표현하듯이, DNA는 아데닌adenine, A, 시토신cytosine, C, 구아닌guanine, G, 티민thymine, T이라는 물질로 구성되어 있다는 것을 알게 되었다. 그래서 모든 생물체는 ACGT라는 네 가지 DNA 코드를 기본 단위로 삼는다. 이들 코드가 무한 반복되어 무작위적으로 섞여 있는 것이 바로 생명체다. 고등동물일수록 DNA 코드가 복잡하게 구성되어 있다고 생각하면 된다.

DNA를 레고에 비유하면 더욱 이해하기 쉽다. 유아를 대상으로 한 레고 블록과 성인을 대상으로 한 레고 블록은 블록의 크기 자체도 다르고, 완성도 측면에서도 큰 차이를 보인다. 마찬가지로 전문가들이 밝힌 DNA를 살펴보면, 미생물과 같은 하등동물은 DNA 구성이 유아의 레고처럼 상대적으로 단순하다. 그래서 많은 연구자들이 미생물의 DNA를 이용해 다양한 DNA 구조 및 기능 연구를 수행한다. 미생물의 DNA 연구는 사람과 같은 고등동물의 DNA 연구의 해석 및 응용에 대한 밑바탕이 되기 때문에 중요하며, 현재도 다양한 미생물에서 DNA 연구는 계속되고 있다.

미생물 DNA 연구 중에서 우리가 일상생활에서 가장 많이 접하는 것 중 하나는 '항생제 내성 유전자'이고, 또 다른 하나는 '유전자가위 유전자'이다. 항생제에 노출된 미생물의 DNA 구조에 변화가 생기면 항생제 내성을 갖는 경우가 생기는데, 이 항생제 내성 DNA를 분석해 항생제 내성 검사를 하거나 새로운 항생제를 개발하기도 한다. 또한 유전자가위 유전자는 침입한 바이러스의 유전자를 박테리아가 기억해두었다가, 다시 침입한 바이러스의 DNA를 잘라 대항하는 유전자로 알려져 있다.

이런 DNA의 구조 변화에 대한 해독 기술은 전문적인 연구 분야나 범죄 수사와 같은 특수 환경에서만 주로 사용된다고 생각할 수 있지만, 기술의 보급화로 인해 오늘날에는 점차 일상생활에서도 활용되고 있다. 대표적인 예로서 할리우드 배우 앤젤리나 졸리가 브라카BRAC 유전자의 변이를 발견하고 선제적으로 유방 절제술을 받은 것이다. 브라카 유전자에 돌연변이가 일어나면 유방암이 발생할 확률이 매우 높은 것으로 알려져 있기 때문인데, 앤젤리나 졸리가 검사를 해보니 돌연변이가 관찰되었고, 이 돌연변이는 어머니로부터 유전되었다는 사실을 알고 있었다고 한다. 최근에는 자신의 피부가 건성인지 지성인지 피부 타입도 DNA 분석을 통해서 알 수 있다고 한다. 이런 모든 일들은 분자생물학자 왓슨과 크릭에 의해 DNA의 이중나선 구조가 밝혀지고, 오늘날 과학기술의 발전으로 그 안의 코드들을 읽어내고 해석할 수 있었기에 가능한 일이다.

DNA 읽고 쓰고 자르고 붙이기

앞서 이야기한 것처럼 오늘날의 DNA의 구조 및 해독 기술은 눈부시게 발전되었다고 할 수 있다. 이제 누구든 원한다면 자신의 혈액 속 DNA 정보를 검사를 요청해서 읽어낼 수 있다. 즉 나의 DNA의 정보가 어떻게 되어 있는지 알고 싶으면, 검사 기관에 의뢰해 자신의 DNA를 구성하는 ACGT가 어떤 순서로 구성되어 있는지 눈으로 확인할 수 있다. 과학적으로 각 생물체가 가지고 있는 ACGT의 순서를 알아가는 과정을 시퀀싱sequencing이라고 한다. 그래서 현재 많은 과학자들이 하는 연구들 중의 하나가 지구상의 존재하는 많은 생물체의 DNA의 순서를 알기 위한 시퀀싱이다. 시퀀싱을 통해 우리는 다양한 생물체의 DNA 정보를 읽을 수 있으며, 이들을 비교해 특정 DNA의 기능을 알 수 있다. 앞서 이야기한 빨간색을 나타내는 DNA가 특정 염기 서열 순서로 구성된 것도 확인할 수 있었다. 이제 시퀀싱은 거의 모든 분자생물학을 하는 연구실에서는 기본적으로 이용하는 실험 도구다.

그렇다면 생물체가 가지고 있는 DNA 순서를 읽는 것만 가능할까? 이제는 DNA의 순서를 읽는 기술의 발달과 더불어 DNA를 쓰고, 자르고, 붙일 수 있는 기술도 더불어 발전했다. DNA를 쓰는 대표적인 기술은 PCR polymerase chain reaction이며, 자르는 것은 리스트릭션restriction 효소를 이용하고, 붙이는 기술은 라이게이션ligation이라고 한다.

이런 DNA 관련 기술들, 즉 읽고, 쓰고, 자르고, 붙이고 하는 기술들이 개발될 당시, 사람들은 엄청난 두려움을 가졌다고 한다. 마치 과학자들이 밀실과도 같은 연구실에서 뭔가 엄청나게 무서운 음모를 꾸미는 사람처럼 표현되기도 했다. 당연히 그렇게 생각할 수 있는 것이, 이런 생체 안에만 존재했던 DNA 정보였는데, 과학기술이 발달하면서 조금의 전문 지식만 있으면 실험실 안에서 얼마든지 자르고 붙일 수 있는 상황이 되었기 때문이다. 그러나 이러한 발전은 컴퓨터의 사용과 같다고 이해하면 된다. 과거 컴퓨터는 전문가들 중심으로 이용되는 도구였지만, 지금은 초등학생들도 누구나 이용하는 대중적인 도구가 되었다. 이제는 일부 똑똑한 초등학생들이 컴퓨터 언어를 배워서, 간단한 프로그램 또는 게임을 만들기도 할 정도다.

이처럼 DNA 정보를 알면, 이런 정보를 바탕으로 앞서 이야기한 것과 같이 원하는 형태의 DNA를 잘라서 풀로 붙이듯이 이어 붙이는 것도 가능해졌다. 하지만 아무런 규칙 없이 붙이면 기능과 형태가 없기 때문에 쓸모없는 DNA가 될 수 있다. 다시 레고 블록을 이용해서 예를 들면, 아무런 생각 없이 레고 블록을 끼워서 조립하면 뭔가 완성품이 되지만, 모양이 형편없어서 가치가 없는 것과 같다. 그런데 설명서에 따라서 레고 블록들을 맞추다 보면, 처음에 왜 이렇게 복잡하게 연결을 할까 생각이 들지만, 점차 시간이 지나면 의미 있는 형태 및 움직이는 레고 조립품이 완성되어 있다. 이처럼 역으로 DNA 조각들을 자르고 붙이는 과정

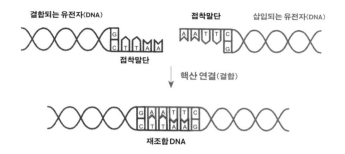

결합되는 유전자(DNA)　　　　接착말단　　　삽입되는 유전자(DNA)

접착말단

↓ 핵산 연결(결합)

재조합 DNA

자르고 붙여진 결과 재조합된 DNA

을 해보면서 어떤 완성품을 만들게 되고, 그 완성품이 생명체에서 어떤 현상을 일으키는지 추적할 수 있다. 그래서 DNA를 자르고 붙이는 연습을 많이 하고, 그 결과들에 대해 분석한다.

　이때 중요한 것이 DNA를 증폭시키는 기술이다. 왜냐하면 DNA를 자르고 붙이기 위해서는 항상 충분한 양의 DNA를 가지고 있어야 하기 때문이다. DNA를 증폭시키는 기술은 PCR이라고 한다. 요즈음 PCR이라는 단어는 코로나19 검사를 통해 많이 알려져 있다. PCR의 원리는 한 개의 DNA를 효소와 A, C, G, T 조각 DNA를 넣어서 증폭시키는 것으로 한 번 반복될 때마다 2^n의 수만큼 증폭할 수 있는 방법으로, 현대 분자생물학에 없어서는 안 될 중요한 기술이다. 내가 학부생일 때만 해도 이 과정을 20번 반복하는 데 5시간 이상의 많은 시간이 필요했었는데, 오늘날에는 2시간 이내에 가능할 정도로 빠르게 기술 발전이 이루어졌다.

이렇게 읽고, 쓰고, 자르고, 붙이고, 증폭시키는 일련의 과정을 거치면서 우리는 정보가 밝혀진 DNA를 많이 확보했지만, 정작 우리 눈에는 보이지 않는다. 보통 DNA는 투명한 액체에 녹아 있기 때문이다. 과학자들이 흔히 이야기하는 것 중의 하나는 '보이는 것이 곧 믿는 것'이다. 이에 따르면 앞서 언급한 증폭된 유전자도 눈으로 보기 전까지는 여전히 믿을 수 없는 존재다. 따라서 실험실에서는 유전자를 보는 특수한 장치를 활용하는데, 가장 많이 활용하는 것은 DNA를 자른 후 크기가 큰 것부터 작은 것들까지 무게에 따라 전기를 흘려주면 일정한 패턴이 도출되는 방법이다. 하지만 이 또한 전문가가 아닌 이상 해석하기에는 무리가 있다.

이때 가장 좋은 방법은 색을 칠하는 것이다. 초등학교 과학 시간에 양파 껍질을 염색해 육각형 모양의 세포 조직을 관찰한 경험을 떠올리면 이해가 쉽다. 양파 껍질에는 세포가 있는데 눈으로는 보이지 않는다. 이를 확인하기 위해서는 양파 껍질을 슬라이드에 붙이고, 메탄올과 같은 고정액으로 세포를 고정시킨 후에 염색약을 넣어준다. 그다음 현미경으로 관찰하면 우리는 작은 탄성과 함께 '양파 세포라는 것이 이렇게 생겼구나!'라는 확신을 하게 된다.

유전자를 확인하는 방법도 이와 비슷하다(물론 몸에 직접 염색을 하는 것은 아니다). 유전자는 자신의 존재를 알리기 위해서 기능을 보여주는데, 일반적으로 그 기능을 눈으로 확인하기는 어렵다. 예를 들어 피부세포에서 물의 투과에 관여하는 유전자를 눈으로 직접 볼 수 없다. 좀 더 설명하면 피부를 통해서 물이 들어가고 나갈 수 있다는 것을 확인할 수 있지만, 그 과정에 관여하는 유전자가 어떻게 움직이는지는 관찰하기 어렵다. 그 과정을 이해하기 위해서는 염색이 필요한데, 살아 있는 상태로 피부에 뭔가 직접 염색하는 것은 문제가 될 수 있고, 때로는 생명에 영향을 줄 수 있기 때문에 동물에 직접 실험하는 경우는 거의 없다. 따라서 이런 유전자의 기능을 알기 위해서 생명체의 최소 단위인 세포에 접근해, 색을 통해 유전자가 어떤 기능을 하는지 이해하면서, 해로운지 이로운지를 밝히는 것이다.

살아 있는 세포에 색을 입히다

모두가 잘 알고 있는 것처럼 세포는 생물체를 구성하는 기본 단위다. 세포는 수시로 분열이 일어난다고 할 수 있다. 이런 세포 분열이 이루어졌기 때문에, 생물체가 형태를 가지고 있다고 생각하면 된다. 우리 몸에서는 눈으로 관찰 가능한 세포배양이 수시로 일어난다. 어떤 현상일까? 바로 머리카락이 빠지거나 각질이 떨어지는 것이 세포가 분열되어서, 수명이 다한 세포가 죽어서 탈락되는 것이다. 생명체가 노화가 되면, 세포의 수명이 줄어들어서 더 많은 세포들이 죽어서 탈락된다. 그래서 나이가 들면 각질, 즉 죽은 세포가 많아지는 이유이기도 하다.

몸에서 직접 세포의 기능을 보기 어려우니 세포를 배양해서 볼 수 있다. 동물의 몸을 구성하는 세포를 보기 위해서는 몸의 장기에서 작은 조직을 떼어내고, 이들 조직에서 세포를 분리해 배양할 수 있다. 이렇게 처음 조직으로부터 분리된 세포를 우리는 초대배양세포라고 부르며, 현미경으로 쉽게 관찰할 수 있다. 이 세포를 계속 관찰하기 위해서는 배양을 해서 실험실에서 자랄 수 있도록 해야 한다. 이런 과정을 '세포배양'이라고 한다. 문제는 세포배양이 쉽지 않다는 것인데, 그 이유는 세포배양 중에 조직에 있는 미생물이 같이 배양되어, 오히려 세포가 배양되기보다 미생물들이 더 많이 배양되기도 하기 때문이다. 이런 대표적인 미생물로는 포도상구균*staphylococcus*이 있다. 그래서 세포배양을 위해서는 매우 깨끗한 환경을 유지하고, 배양이 필요한 배양액, 배양 도구들을 모두 멸균 상태로 유지해야 한다.

이런 방법을 통해서 초대배양세포를 분리하더라도 이들 세포는 오랫동안 자라지 못한다. 세포가 근본적으로 가진 유한한 생명력 때문에, 1~2개월 정도 배양하면 세포들은 자연적으로 사멸하기 때문이다. 내가 경험한 초대배양세포 중, 난구세포는 2주 이상 배양하기 어려웠다. 그래서 과학자들은 어렵게 배양한 세포들이 죽지 않고, 무한한 생명을 가질 방법에 대해서 계속 고민을 해왔다.

그래서 과학자들이 주목한 것은 암이었다. 암 조직은 죽지 않고 계속 세포분열이 일어나기 때문에, 다른 초대배양세포보다는 오랫동안 배양하는 것이 상대적으로 용이하기 때문이다. 최초로 분리된 암세포는 자궁경부암 세포로, '헬라세포^{Hela cells}'라고 불리고 있으며, 아마도 생명과학을 하는 사람들은 모두가 아는 유명한 세포다. 아마도 세포 연구를 한다면 전 세계 어느 실험실에나 있을 것이다. 이 세포는 미국인 헨리에타 랙스^{Henrietta Lacks}의 자궁경부암 조직에서 분리되었다. 1984년 독일의 의학자 하랄트 추어 하우젠^{Harald zur Hausen}이 인유두종바이러스^{HPV}를 발견했는데, 이것이 자궁경부암의 원인임을 밝힌 데도 헬라세포의 역할이 있었다. 그 공로로 하우젠은 2008년 노벨 생리의학상을 받았다. 이처럼 헬라세포와 같은 암세포의 배양을 통해 유전자의 기능을 보다 쉽게 확인할 수 있게 되었다.

많은 연구자들은 헬라세포에 유전자를 집어넣고, 유전자가 들어가 있는지 염색약으로 실험을 한다. 이 과정은 앞서 설명한 양파 껍질에서 세포를 관찰하는 과정과 같다고 할 수 있다. 세포에 유전자를 넣고, 고정을 하고, 염색약을 넣고 나면, 염색된 유전자의 결과물을 현미경으로 관찰하면 된다. 염색 과정에서 가장 많이 활용되는 것은 범죄 수사에서 사용하는 루미놀이라는 특수 화합물이다. 수사 과정에서 혈흔을 확인하기 위해 루미놀을 뿌리고 불을 끈 후 발광 현상을 관찰한다. 많은 범죄 수사 방송에서, 과학수사

팀이 살인 현장에서 이 물질을 이용해서 혈액의 존재 유무를 확인하는 것을 한번쯤 본 적이 있을 것이다. 이 현상의 원리는 염색 물질이 혈액에 노출되었을 때 혈액 속 철분이 촉매가 되어 루미놀이 발광하게 되는 것이다. 이렇게 발광되는 것을 보고 우리는 거기에 혈액이 있다고 생각하는 것이다.

이와 같은 염색 현상의 대부분은 세포가 고정되어 죽은 상태로 진행한다. 염색을 정확히 할 수 있다는 장점이 있긴 하지만, 우리는 살아 있는 상태에서 유전자의 기능을 보고 싶어 하는 게 당연하다. 세포가 살아 있는 가장 작은 단위의 생명체이므로, 살아 있는 상태의 세포를 관찰하는 것은 그 자체로도 큰 의미가 있기 때문이다. 초기에 세포를 고정하여(죽여서) 유전자를 관찰하던 과학자들은 염색 없이 살아 있는 상태의 세포를 관찰하는 방법을 탐구하기 시작한다. 이 과정에서 일본의 생화학자 시모무라 오사무下村脩는 세포를 살아 있는 상태로 관찰할 수 있는 결정적인 연구 결과를 내놓는다. 스킨스쿠버를 해본 사람이라면 바닷속 동식물의 아름다운 빛깔들을 본 경험이 있을 것이다. 그런데 아름다운 색을 가진 생물체를 물 밖으로 꺼내 보면 물속에서 보는 색과는 다르게 보이는 것을 알 수 있다. 그 이유는 바닷속에서는 가시광선이 적게 들어가고, 자외선이 많이 투과되기 때문이다. 즉 바닷속 생물체들 중 자외선에 노출 되면 색을 달리 보이는 것들이 많다. 이렇게 자외선에 발광 하는 생물체 중에서 오사무는 해파리류에 관심을 가지고 분석했다. 그래서 해파리류에 있는 녹색 형광 단백질GFP의 존재와 그 DNA 정보가 밝혀졌다. 이 녹색 형광 물질은 특 정 DNA 서열이 단백질로 해석된 결과로, 살아 있는 생물 체에서 색을 발현시킬 수 있다는 사실이 처음 밝혀진 순간 이었다.[6]

관련 연구가 계속해서 이어지며, 그 공로로 오사무를 비 롯한 미국의 신경생물학자 마틴 챌피Martin Chalfie, 미국의 생 화학자 로저 첸Roger Tsien에게도 같은 주제의 연구로 2008년 노벨 화학상이 주어졌다. 이후 말미잘류에서는 적색 형광 단백질RFP이 발견되었다. 앞서 밝혀진 녹색 형광 단백질과 적색 형광 단백질을 DNA의 순서를 비교해보면 많은 차이 를 보이지 않는다. 이렇게 바닷속 생물체에서 분리된 형광 단백질을 이용하여 다양한 다른 생물체에 적용할 수 있게 되었다.

이제 우리는 살아 있는 상태의 세포에 형광 단백질을 이용하여 색깔을 입힐 수 있다. 이 말은 곧 색을 나타내는 유전자를 넣어서 세포가 분열하는 찰나의 과정을 시각적으로 관찰할 수 있게 되었다는 뜻이다. 이런 시각적 자료는 암세포 연구에서 더욱 효과적으로 쓰인다. 일반 세포와 암세포를 구분해 암세포에만 색깔을 입힐 경우, 암세포의 이동 경로나 변화를 실시간으로 추적할 수 있기 때문이다. 이외에도 형광 세포를 이용한 연구는 암의 특성을 이해하고 전이를 막는 등 질병의 예방과 치료, 관리 분야에서도 널리 확장되고 있다.

지구의 모든 생명을
돌보는 기술

무엇이든 되는 만능세포

초대배양세포는 앞서 이야기한 것처럼 장기 또는 조직에서 직접 뗀 세포로서, 일단 모든 장기로부터 세포 배양은 가능하지만 오랜 기간 배양을 할 수 없다는 단점을 가지고 있다고 이야기했다. 반면 암세포는 암처럼 계속해서 분열하기 때문에 장기간 배양할 수 있지만, 암 이외의 다른 연구에는 한계를 지닌다. 그래서 암세포를 이용하면 유전자의 기능을 연구할 수 있는 기반은 확보되었지만, 포유류의 몸을 구성하는 세포의 종류는 너무 많아서 모든 조직의 암세포가 확보되지 않으면 그 조직에서의 유전자의 기능을 이해하는 데 한계가 있다. 또한 매번 원하는 조직에서 세포를 분리 배양해 초대배양세포를 이용하게 되면, 배양되는 조직마다 조건도 다를 수 있어 어떤 조건에서는 세포들이 잘 자랄 수 없다는 단점을 가지고 있다. 이런 이유로 과학자들은 세포를 분리해서 초대배양을 한 후에, 그 분리된 세포가 모든 세포로 분화할 수 있는 전분화능pluripotency을 가진 만능세포의 존재에 주목했다. 만능세포를 이용하여 원하는 세포를 만들 수 있다면, 우리는 매번 원하는 조직에서 세포를 분리하지 않아도 되기 때문이다.

만능세포를 찾기 위해서는 발생학적으로 정자와 난자 단계로 거슬러 갈 수밖에 없다. 왜냐하면 우리의 몸 세포는 정자와 난자가 수정되어서 시작되었기 때문이다. 정자와 난자가 결합된 접합체, 즉 수정란은 세포 분열을 거듭해 발달한 상실배에 도달한다. 상실배에 도달한 수정란은 1~2일 정도의 시간이 지나면 다음 단계인 배반포로 자라게 된다. 이때 수정란은 큰 변화를 겪는다. 상실배 상태까지는 분열된 세포가 모두 같은 모양이고, 비슷한 기능을 가지고 있는 세포의 덩어리로 구성되어 있지만, 배반포 단계가 되면 세포의 모습이 달라진다. 일부 세포들은 분열을 거듭해서 덩어리를 이루며 세포 안쪽으로 위치하는데, 이들이 바로 우리 몸의 중요 장기들을 구성하게 된다. 바로 이 세포를 우리는 만능세포라고 부른다. 안쪽이 아닌 바깥쪽으로 자라는 세포는 자궁 내벽과 맞닿게 되고, 추후 태반을 형성하고 생명체가 유지될 수 있는 기능을 한다.

오늘날 이 만능세포는 배아줄기세포embryonic stem cell, ESC라는 이름으로 더 잘 알려져 있다. 이 배아줄기세포를 처음 연구한 사람은 미국의 유전학자 마리오 카페치Mario Cappecchi와 올리버 스미시스Oliver Smithies, 영국의 생물학자 마틴 에번스Martin Evans로, 1982년에 생쥐(마우스)의 배아줄기세포 연구를 확립하고 마우스의 발생학에 적용하여 다양한 유전자 변형 모델 동물 및 세포 분화 기전에 대한 연구 기반을 마련하였다. 그 공로로 이들에게는 2007년 노벨 생리의학상이 주어졌다.[7] 이후 1998년 미국의 생물학자 제임스 톰슨 James A. Thomson 등에 의해 인간 배아줄기세포가 세계 최초로 분리 배양이 이루어졌다.[8] 특기할 만한 점은 톰슨이 수의학으로 박사학위를 받았다는 것인데, 앞서 이야기했듯이 수의학이 동물을 넘어 사람을 비롯한 생태계 전반의 환경을 연구하는 학문이라는 점을 잘 보여준다.

나아가 최근의 연구 내용을 소개하면 2017년에 기존의 배아줄기세포가 분리되는 배반포 단계 이전에도 또 다른 배아줄기세포가 존재한다는 연구 결과가 마우스에서 발표되었다. 이렇게 분리된 세포를 EPSC^{expanded potential stem cells}라고 부른다. 아직까지 정확한 한글 이름이 없어서 현재 과학자들 사이에서는 ESC와 EPSC로 구분해서 부르며, EPSC는 더 많은 세포로 분화할 수 있는 능력을 가지고 있다. 예를 들어, ESC는 태반 세포로는 분화가 되지 않지만, EPSC는 태반 세포까지 분화가 가능하다. 이렇게 EPSC 세포 분리, 배양 및 분화에 대해서 정교한 이해가 가능함에 따라서 우리는 더욱 깊이 있게 동물의 발생학에 대한 이해를 하게 되었다.

세포를 넘어 동물을 실험하다

초대배양세포, 암세포, 만능세포의 분리 배양이 시간이 지나면서 수월해지고, 이전까지 연구해온 DNA를 세포에 자유롭게 적용할 수 있게 되었다. 세포 내에서 DNA가 어떤 기능을 하는지 이해하는 연구에 물꼬가 트이고, 현재도 관련 연구는 활발히 진행 중이다. 하지만 생명체는 단 하나의 세포로 되어 있는 것은 아니다. 그렇기에 세포 간의 상호작용과 그들이 이루는 장기, 그들의 기능 변화가 전체 개체에까지 미치는 영향을 살펴보는 것까지가 최종 목표라고 할 수 있다.

원하는 연구를 할 수 있는 대상 동물을 생각해보자. 우선 한 개체의 유전자 편집 영향을 연구하기 위해서는, 그 개체의 수정 단계에서 준비한 유전자 편집 DNA가 실제로 개체에서 작동했는지를 확인해야 한다. 실제로 태어난 동물에서 유전자 편집의 흔적이 없는, 일반 동물과 같은 경우가 종종 태어날 수 있기 때문이다.

유전자 편집이 성공했는지의 여부는 각 조직을 채취한 후 유전자분석 검사를 하면 알 수 있다. 하지만 이것보다 간단한 방법은 역시나 '보이는 것을 믿는 것'이다. 세포가 의도한 대로 유전자 편집이 이루어졌는지 알아보려면 세포에 색을 입히면 된다. 앞서 이야기한 색깔 유전자는 여기에서도 중요하게 쓰인다. 나 또한 유전자 편집 동물을 만들 때, 녹색 형광 단백질을 함께 붙인다. 그 동물에게서 의도한 유전자 편집이 발현되었는지 쉽게 확인할 수 있기 때문이다. 녹색 형광 단백질을 발현시킨 쥐나 토끼는 빛이 없을 때도 피부에서 녹색으로 빛이 나는 것을 확인할 수 있다. 같은 원리로 적색 형광 단백질을 주입해서 빨간색을 띠는 쥐가 태어났다. 이들이 건강상의 특별한 이상 없이 성장하는 것도 확인되었다. 이런 형광 단백질 연구 중 흥미로운 연구 결과가 있는데, 바로 색이 변하는 유전자다. 가을이 되면 단풍나무의 색이 초록색에서 붉은색으로 바뀐다. 이렇게 빛에 의해 다른 색을 띠는 유전자가 발현되는 현상을 동물에게 적용한 연구로, 빛에 의해 녹색이 붉은색으로 변하는 동물인 카에데 쥐Kaede mouse가 탄생하기도 했다.[9]

신경연구에서도 형광 단백질을 이용한 흥미로운 연구가 수행되었는데, 여러 신경세포를 다양한 형광 단백질로 표시하는 데 이용하였다. 미국의 신경학자 제프 릭트먼Jeff Lichtman은 세 가지 색의 형광 단백질 유전자를 무작위적으로 섞이게 하여, 신경세포 하나하나가 색을 나타낼 수 있도록 맞춤형 생쥐를 제작했다. 제작된 생쥐의 뇌를 형광현미경을 통해서 관찰한 결과, 뇌brain가 무지개rainbow처럼 아름답게 발현된다고 해서 브레인보우brainbow라고 명명했다. 관련 연구는 신경계 연구 분야에서 혁명적인 연구로 평가되어 가장 유명한 과학잡지《네이처》표지에 선정되어 소개되기도 했다.

발생학 연구에서는 서로 다른 색을 가진 동물을 이용하여 가설을 증명할 수 있다. 그 첫 번째로는 흰색 쥐와 검은색 쥐의 배아줄기세포를 섞은 쥐에 관한 연구였다. 이들이 섞여 두 가지 색 유전자를 가진 쥐가 태어났는데, 이렇게 두 가지 이상의 형질이 섞인 세포나 개체를 키메라라고 부른다. 키메라는 그리스 로마신화에서 유래한 용어로, 여러 동물의 신체적 특징을 가진 생명체를 지칭하는 이름이다.

연구진은 키메라 쥐가 성장해 흰색과 검은색 새끼 쥐를 동시에 낳는 것을 확인할 수 있었다. 이 실험이 의미하는 것은, 한 기능을 담당하는 DNA가 두 가지 이상의 형질로 개체 내에 존재하게 할 수 있다는 것이다. 이 개체의 다음 세대에서는 두 가지 이상의 형질을 가진 생식세포들을 분리할 수 있고, 이렇게 각각 분리된 개체를 통해 발생학적 연구를 하게 된다.

이런 키메라 연구로 특정 장기를 생성하는 쥐를 만드는 것도 가능하다. 이는 췌장 발달에 관여하는 PDX-1 유전자가 없을 경우 생명체에서 췌장이 만들어지지 않는다는 원리를 바탕으로 한다. PDX-1을 제거한 검은색 쥐(췌장이 없다)의 배아에 정상 흰색 쥐의 배아줄기세포를 넣어 키메라

세포를 만든다. 이렇게 태어난 키메라 쥐에서는 검은색 쥐 유래의 췌장은 만들 수 없기 때문에, 그 빈자리에 흰색 쥐의 췌장이 만들어진다. 이때 흰색 쥐의 세포에 형광 단백질 유전자를 넣어주면, 더욱 쉽게 흰색 쥐와 검은색 쥐의 세포를 구별할 수 있다.

이 연구는 곧이어 미국 연구팀에 의해 돼지의 몸에서 사람의 조직이 자라게 하는 실험으로 연장되었다. 실험은 앞서 언급한 췌장이 없는 돼지 배아에 사람의 배아줄기세포를 섞어서 키메라 돼지를 만들었는데, 실제로 키메라 돼지에게서 사람의 세포가 생존하는지를 확인하는 것이 목적이었다. 만약 실험이 성공한다면 돼지의 몸에서 사람의 췌장을 자라게 할 수 있을 테지만, 이것이 야기할 수 있는 윤리적 문제 때문에 연구는 아주 초기 단계까지만 진행이 되었다. 현재는 돼지의 장기를 사람에게 이식하는 것이 제한적으로 허가된 상태로 미국에서는 돼지의 심장을 이식한 사례와 중국에서 돼지의 각막을 이식한 사례가 있다.

이렇게 특정 유전자를 제거하고, 원하는 유전자를 삽입하기 위해서 과거에는 '상동염기서열간재조합' 기술을 이용했다. 교체하고 싶은 특정 유전자가 있다면, 그 유전자가 양쪽에 끼고 있는 염기서열의 순서를 똑같이(상동) 붙여서 하나의 덩어리로 만드는 것이다. 그 마디의 양쪽 끝 염기서열이 같으면 통째로 교체되는 성질을 이용한 것이다. 하지만 이 방법은 양쪽의 긴 염기서열을 붙여주어야 하는 어려움이 있고, 이 긴 염기서열이 교체되는 것은 세포가 분열할 때만 이루어지기 때문에, 낮은 확률로 이루어진다는 단점이 있다.

이런 단점을 가지고 있는 상동염기서열간재조합 방법을 극복하는 것은 최근 널리 쓰이는 유전자가위 기법을 적용하여 염기서열 중 원하는 부분을 가위로 자르듯 잘라내는 방법이다. 이때 원하는 유전자를 미리 섞어둔 채로 염기서열을 자르면, 잘린 두 끝이 서로 이어지려고 할 때 그 사이로 원하는 유전자가 끼어든다. 원하는 유전자를 특정 DNA 위치에 삽입할 수 있는 정확한 방법으로, 이 연구를 발표한 제니퍼 다우드나Jennifer Doudna와 에마뉘엘 샤르팡티에Emmanuelle Charpentier는 2020년 노벨 화학상을 받았다.

이렇게 유전자를 빼고 넣고 하는 연구를 계속 진행하고, 나아가 이런 방법이 적용된 맞춤형 동물을 연구하는 목적은 무엇일까? 이 연구가 가장 적극적으로 응용되는 분야는 사람의 유전병을 가진 동물을 만드는 것이다. 이 동물은 사람의 질병을 그대로 모방했기에, 질병이 발생하게 되는 기전부터 치료제 개발까지 전 과정에 걸쳐 큰 기여를 할 수 있다. 현재 전 세계에서 희귀한 유전병을 이해하기 위해 다양한 DNA 기술을 적용해 맞춤형 유전병 동물을 만드는 연구가 진행되고 있다.

유전병 이외에도 유전자의 기능을 연구하는 데 맞춤형 동물들이 활용되기도 한다. 유전자 연구 중에서 활발하게 진행되는 것 중 하나가 바로 비만과 관련된 유전자다. 비만 유전자의 돌연변이를 통해서 비만이 발생되는 동물을 만든 후, 다양한 비만치료제 후보 약물이나 비만 억제 식품 연구에 이용한다. 과거에는 어떤 물질이 비만에 효과가 있는지 알아보기 위해서, 동물에게 많이 먹여 살을 찌운 뒤 연구를 했었다. 이런 방법으로는 동물의 유전 능력과 관련한 정확한 평가를 할 수 없었지만, 이제는 맞춤형 동물을 이용해 비만에 대해 좀 더 정확하게 이해할 수 있는 연구들이 진행되고 있다.

동물에게서 미래를 보다

코로나19 시대를 맞이하면서는 맞춤형 동물, 소위 인간화 동물에 대한 중요성이 더욱 대두되고 있다. 이는 쉽게 말해 실험동물의 특정 유전자를 사람의 유전자로 형질 전환한 것을 말한다. 연구에 따르면 닭, 개, 오리, 족제비과의 페럿, 쥐, 햄스터, 새끼 고양이, 원숭이과의 마카크, 돼지와 같은 여러 동물 중 유독 생쥐는 코로나19에 감염되지 않는다고 한다. 그 이유는 코로나19 바이러스와 결합하는 수용체가 생쥐에는 발현되지 않기 때문인 것으로 알려져 있다. 하지만 생쥐와 유사한 햄스터에서는 코로나19 바이러스 수용체가 발현이 되어서 감염이 잘 된다. 그런 이유로 햄스터가 코로나19 동물 감염 모델로 많이 활용되어 연구에 적용되었던 것이다.

하지만 기초연구용으로는 햄스터보다 마우스 연구가 중요하다. 마우스 모델을 이용해 관련 연구를 수행하기 위해서는 마우스도 코로나19에 감염될 수 있도록 유전자 변형 마우스를 만들어야 한다.[10] 인간의 코로나19 바이러스 수용체$_{hACE2}$ 유전자를 주입해 만든 인간화 동물은 곧 질병 표준 마우스가 되어 코로나19 바이러스 연구에 아주 중요한 역할을 했다.

코로나19 바이러스 수용체가 아니라, 사람의 항체 유전자를 쥐에 넣어 항체 치료제를 개발하는 연구도 진행되었다.[11] B세포라는 면역세포에서 생성된 항체는 몸 안에 침입한 항원에게 면역반응을 일으키는데, 이 특정한 화학적 상호작용을 항체 항원 반응이라고 한다. 이런 원리에 따라 사

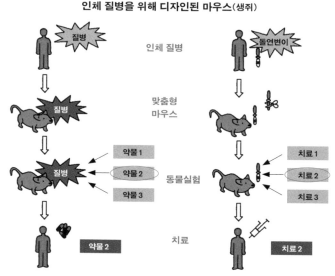

인체 질병을 위해 디자인된 마우스(생쥐)

인체 질병

맞춤형 마우스

동물실험

치료

실험동물을 통한 질병 및 유전병 치료

람의 항체가 외부의 병원균에게 어떤 면역반응을 일으키는지를 쥐를 통해 확인하는 것이다.

여러 실험동물 중에서도 생쥐가 각광받는 이유는 개체들의 유전적 변이의 차이가 크지 않기 때문인데, 이를 가리켜 유전적으로 고정이 되어 있다고 표현한다. 유전적으로 고정되어 있는 동물은 어느 개체로 실험하더라도 약물에 대한 반응과 효과가 비슷하기 때문이다. 그리고 번식력이 좋아서 태어나서 8주가 되면 임신이 가능하며, 임신 기간도 평균 21일로서 매우 짧고, 한 번 새끼를 낳을 때 평균 여덟 마리 내외의 많은 수의 새끼를 낳는다. 이런 이유들로 연구에 적합한 실험동물로 여겨져, 다양한 연구들에 활발하게 적용되고 있다.

생쥐 연구 중에서 흥미로운 부분 중의 하나는 복제가 잘된다는 특징도 있다. 다른 동물은 복제를 하면 실패 확률도 높고, 임신 기간이 상대적으로 길며, 한 번에 태어나는 마리수도 제한적이기 때문에, 연구의 어려움이 있다. 특히 같은 설치류에 해당되는 랫드rats의 경우, 생리적인 부분은 비슷하지만 복제 연구 측면에서 보면 그 차이점이 뚜렷하다. 랫드 복제 연구는 프랑스 연구팀에서 처음 성공한 후에 지금까지 그 어떤 다른 연구자들도 성공하지 못했다. 반면에 생쥐의 경우는 복제 성공률이 높을 뿐만 아니라 복제된 생쥐를 계속해서 복제를 진행해도 그 효율이 유지가 되며, 심지어 스물다섯 번 이상 복제가 가능한 것으로 알려져 있다.[12] 복제 기술을 통해 한 마리의 동물을 똑같이 수백 마리 만들어낼 수 있다는 이점 때문에 그 연구 가치가 더욱 높으며, 현재까지는 이런 흥미로운 연구들이 생쥐에서만 증명된 상황이다. 그러나 유전자에 대한 정보들이 나날이 발전되고 맞춤형 동물이 더욱 발달된다면 미래는 다양한 동물에서 재현될 것으로 생각된다.

다양한 유전자 편집 및 복제동물 연구 중 하나로서 메머드 복원에 관한 연구이다. 미국의 유전학자 조지 처치[George Church]는 유전적으로 유사한 코끼리에 유전자 편집을 적용하여 메머드를 복원하겠다는 야심찬 계획을 발표해 전 세계의 관심을 받기도 했다. 영화 〈쥬라기 공원〉이 현실이 될 수 있을 것 같은 이야기가 실제로 진행되고 있다고 보면 된다. 다소 허무맹랑하게 느껴지지만 오늘날의 DNA 정보에 대한 정교한 이해와 더불어 복제 기술의 발달 정도를 생각해본다면 오랜 시간이 걸리겠지만 황당한 이야기라고 단정 지을 수도 없다. 물론 실제로 매머드가 복원될 수 있다고 하더라도, 환경적으로 그 동물이 살 수 있는 생태계가 이루어져 있지 않으면, 태어나더라도 생존할 확률은 매우 낮을 것이다.

지금까지 이야기한 여러 연구에서 볼 수 있듯이 유전자와 그 기능에 대한 이해는 과학의 발전과 인류 삶을 개선시키는 초석이라고 할 수 있다. 생명공학의 발달과 그 기초가 되는 분자생물학의 역사적인 수확들은 오늘날 인류의 건강과 미래를 담보해주었다. 이 분야를 기초로 하며 다양한 영역을 연결 짓는 수의학은 동물의 질병을 이해하고 치료 및 예방하는 것에 국한되어 있지 않으며, 인류의 보건 및 건강을 넘어 결국 생태계 보전을 향하고 있다.

수의학자로서 특별히 기억에 남는 동
물이 있는가?

2005년 우리나라에서 세계 최초의 복제개 스너피
가 태어났다. 각종 질병을 치유할 수 있는 새로운
희망이 열리는 순간이었다. 그리고 여기에는 체
세포를 제공한 개 타이와 대리모의 역할을 한 개
심바가 있었다.

심바는 복제개 스너피를 임신을 한 대리모였
고, 복제 대상이 된 아프간하운드 품종 타이는 동
료 교수님의 반려견이었다. 당시에 타이의 세포

를 채취해서 복제된 배아를 만들고, 만들어진 복제 배아를 대리모인 심바의 자궁에 이식해, 착상이 되어 태어난 개가 스너피였다. 특히 심바는 나에게는 특별한 인연이 되어 가족이 되었다.

심바는 인턴 수의사 시절 어미의 배에서 난산할 뻔한 위기를 극복하고 응급 수술로 태어난 강아지들 중 한 마리였다. 당시 한 마리를 키워줄 사람이 있느냐는 주인의 말에 번쩍 손을 들었고, 그렇게 가족이 되었다. 애니메이션 〈라이온 킹〉의 주인공처럼, 용맹하고 튼튼하게 자라주기를 바라는 마음을 담아 이름도 심바라고 지어주었다. 이름만큼 심바는 연구 활동을 비롯한 삶 전체에서 평생 힘이 되어주고 심리적인 안정감을 준 친구였다. 지금은 무지개다리를 건넜지만, 심바의 흔적은 여전히 연구실 책상 한편에 남아 있다.

평소에도 스스로에게 해보는 질문이다. 어느 때는 수의사로서 동물을 살리고, 어느 때는 과학자로서 실험을 위해 동물을 희생시키면서 많은 내적 갈등을 겪기 때문이다. 이런 감정은 수의학자로서 살아가는 시간이 더해질수록 점점 더 깊어진다.

인류의 역사에서 동물은 이전에도, 그리고 앞으로도 함께할 영원한 동반자라 할 수 있다. 그런만큼 수의학자로서 동물에 대해 더 깊이 탐구하고자 역사를 공부하고, 미래에 나와 가족에게 미칠 영향을 고민한다. 특히 생명과학적인 면에서 윤리적인 부분을 깊이 고민한다.

이런 생각은 수의학자나 반려동물 또는 산업동물을 기르는 사람들만의 몫은 아니다. 눈에 보이지 않아도 사실 인류는 동물과 언제나 함께하고 있었으며 서로의 삶을 공유해왔다. 그리고 동물에 대한 사회적 인식이 더 나아질 미래에는 더욱더 공존하는 삶을 살게 될 것이다.

생명과학과 생명공학은 어떤 차이가
있는가?

과학과 공학은 기초 원리를 탐구하느냐, 기술을
강조하느냐의 차이다. 쉽게 말해 떨어지는 사과
를 보고 아이작 뉴턴처럼 근본 원리를 파헤치는 것
은 과학, 떨어지는 사과를 받기 위해 기계를 개발
하는 것은 공학이라고 할 수 있다. 즉 생명과학은
기초과학에 해당하며, 생명공학은 생명과학에서
정립한 기초 이론을 응용해 기술적으로 적용한 것
을 의미한다.

2부 _____

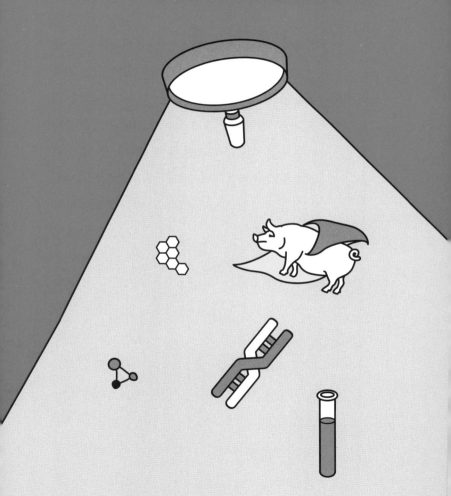

동물은

어
떻
게

인류를
구하는가

당뇨병 환자를 죽음의 공포로부터 건져낸 인슐린의 발명, 난임 부부들의 품에 아기를 안겨준 시험관 시술, 자녀에게 결코 물려주고 싶지 않을 유전병 인자의 제거 그리고 코로나19 바이러스 백신의 개발까지……. 이 모든 의학적 성취 뒤에는 동물이 존재한다.

인간을 죽음에서 구한
인슐린의 발견

동물의 희생으로 희망을 보다

질병은 크게 태어나면서부터 가지고 있는 선천성 질병인 유전병과 성장하면서 발생하는 후천성 질병으로 나눌 수 있다. 선천성 질병은 부모의 질병이 자녀에게 전달되는 희귀한 질병으로, 치료가 어렵거니와 치료제 개발에도 더 많은 시간이 걸려 아직까지도 불치병으로 남아 있는 경우가 많다. 어린아이들이 타고난 희귀병으로 삶을 마감하는 현실이 적지 않다는 점에서, 이에 대한 연구와 투자에 더욱 많은 노력이 쏟아져야 함은 아무리 강조해도 지나치지 않다.

한편 후천성 질병은 성장하면서 발생하는 질병으로, 암, 당뇨병 등의 질병과 감기와 같은 각종 전염병이 여기에 해당한다. 종류만도 상당히 많아서 선천성 질병에 비해 발병하는 비율이 월등히 높다. 이 말은 곧 예방 및 치료를 할 수 있는 가능성이 높다는 의미이기도 한데, 연구할 수 있는 개체수가 많은 만큼 기존에 치료법이 이미 개발된 경우도 많고, 새로운 치료법에 대한 연구 및 신약 개발도 훨씬 활발하다.

지금 이 순간에도 많은 과학자들은 새로운 질병에 맞서기 위해, 그리고 기존 질병에 더욱 강력히 대처하기 위해 치료제 개발에 힘쓰고 있다. 이 과정에서 실험동물이 인류를 위해 치른 희생은 결코 간과할 수 없는 부분이다. 실험동물을 통해 얻은 많은 의학적인 성과를 통해 오늘날 인류는 안전한 미래에 한 걸음 더 가까이 다가설 수 있었다.

치료제 단백질은 DNA를 읽고, 쓰고, 자르고, 붙이고, 또 증폭시키는 과정을 통해 실험실에서 만들어진다. 이렇게 만들어진 치료제 단백질은 단백질 구조가 원하는 형태로 되었는지 확인하고, 구체적인 기전은 세포를 통해 확인한다. 하지만 세포는 아주 작은 단위의 생명체인 만큼 실제로, 뇌, 심장, 다리, 간 등의 각 장기에서 실제 기능을 하는 것까지 예측하는 데는 무리가 있다. 이때 치료제 단백질의 정확한 기능을 알기 위해서 진행하는 것이 바로 동물실험이다.

이런 동물실험에서 가장 많이 이용되는 동물은 설치류인데, 그중에서도 앞서 언급한 것처럼 생쥐가 가장 많이 활용되고 있다. 생쥐 외에도 랫드, 햄스터, 토끼, 개, 닭, 돼지, 소, 말, 원숭이 등 다양한 실험동물이 연구의 목적에 맞게 적용 및 활용된다. 연구의 목적에 맞는 동물을 예로 들면, 생쥐는 암, 유전 질병, 대사성 질병 등 다양한 분야에 적용되며, 거의 모든 치료제에 이용된다고 할 수 있다. 랫드의 경우는 주로 약물의 독성 및 유효성 평가를 진행하며, 햄스터의 경우는 최근 코로나19 감염 연구로 활발하게 이용되고 있고, 토끼의 경우 다양한 생체재료 효능 평가 및 약물 효능 검사에도 활용된다. 돼지는 이식 수술, 당뇨 연구, 심혈관 쪽에 사용되며, 닭, 소나 말은 백신 개발 등에 이용될 수 있다. 동물실험 중에서 인체 의약품으로 이용하는 경우는 원숭이(영장류) 실험이 진행되어야 한다.

세포에서 효능을 확인하고, 모델 동물에서 기능을 확인했다면, 이제는 임상실험을 해야 한다. 임상실험의 경우는 보통 세 번의 실험을 거쳐야 치료제로서 승인받아 시판될 수 있다. 그런데 대부분의 약들이 세 번의 실험을 거치는 과정에서 부작용 등으로 실패하는 경우가 대부분이다. 또한 그 과정이 오래 걸리기도 하며, 오백억 원 이상의 막대한 비용이 들어가고 실패 확률이 높으니, 신약 개발이 얼마나 어려운지 이해할 수 있을 것이다. 하지만 오늘날 코로나19와 같은 급박한 상황에서는 그 과정을 단축하거나, 조건부 승인을 해주는 경우도 발생되었다.

이처럼 치료제 개발은 짧게는 10년, 길게는 20년이 걸리는 장기적인 연구들이며, 현재 우리가 사용하고 있는 모든 약들은 실험동물을 거쳐서 개발되었다고 해도 과언이 아니다. 즉 실험동물이 없었다면 이뤄내지 못했을 성과들이다.

수많은 생명을 구한 실험견, 마저리

당뇨병 치료제로 사용되는 인슐린 또한 동물실험을 바탕으로 발견되었다. 당뇨병은 의학기술이 발달한 오늘날에도 많은 현대인들이 앓고 있는 대표적인 질병 중의 하나다. 여러 발병 원인 중에서도 비만이 대표적인 원인으로 꼽히며, 여러 가지 합병증을 일으킨다는 점에서 더욱 무서운 질병이다. 한의학에서는 당뇨병을 열기가 몸 안의 음식을 태우고 자주 갈증이 난다는 뜻의 소갈병消渴病이라고 부르는데, 『조선왕조실록』에 따르면 세종대왕 또한 소갈병을 앓았던 것으로 전해진다. 당시 당뇨병 치료법은 기름진 음식을 삼가고 채식을 위주로 하는 식이 조절이 전부였다고 한다.

인슐린은 1921년 캐나다의 생화학자 프레더릭 밴팅Frederick Banting과 조수 찰스 베스트Charles Best에 의해 생리학자 존 매클라우드John Macleod 연구실에서 연구 개발되었다. 당시 매클라우드는 이미 당뇨병 연구 분야에서 유명한 사람이었고, 많은 연구 지원금을 받아 당뇨병 연구를 하고 있었다. 당뇨병 연구를 하고 싶었던 밴팅은 매클라우드에게 연구 지원금을 받아 연구에 착수했다. 그는 조수 베스트와 함께 실험견 비글을 대상으로 실험하면서 당뇨병을 치료할 수 있는 물질을 발견했다. 이 과정을 함께한 여러 마리의 비글들 중 33번째 실험견인 '마저리'에서 인슐린의 효과가 증명되었다. 밴팅은 이 인슐린을 분리해 자신의 친구인 조지프 길크리스트Joseph Gilchrist에게 투여한 것을 시작으로, 당뇨병을 앓는 사람들을 구해낸다.

이 공로로 밴팅과 매클라우드에게 1923년 노벨 생리의학상이 수여되었는데, 연구실과 충분치 않은 연구비만 제공한 매클라우드의 수상 자격에 대한 논란이 일기도 했다. 한편 밴팅은 함께 연구한 베스트가 함께 수상해야 한다고 주장했지만 받아들여지지 않았고, 이에 밴팅은 베스트에게 노벨상 상금을 나누어주었다고 전해진다. 이것에 그치지 않고, 밴팅은 인슐린 특허권을 자신이 소속된 토론토대학에 단돈 1달러에 매각하며 놀라움을 주었는데, 연구 성과를 어떤 사욕도 없이 인류의 안녕을 위해 기꺼이 내놓았다는 점에서 시사하는 바가 크다.

다만 수의사로서 한 가지 안타까운 점이 있다. 세계당뇨병재단WDF, 미국당뇨병협회ADA, 한국 당뇨병학연구재단 등 오늘날에는 당뇨병 치료 및 연구에 관한 재단들이 다양하게 존재한다. 인슐린 연구에서 여러 사람들 간에 얽힌 공로를 나누는 일은 의견이 분분하지만, 실험동물의 공로는 누구도 언급하지 않으니 아이러니한 일이다.

장기기증 동물

인슐린의 구조는 영국의 생화학자 프레더릭 생어Frederick Sanger와 영국의 화학자 도러시 호지킨Dorothy Hodgkin에 의해 밝혀진다. 그에 대한 공로로 이들에게는 각각 1958년과 1964년에 노벨 화학상의 영광이 돌아갔다. 인슐린은 아미노산으로 구성된 단백질로, 당시에는 그 구조가 밝혀지지 않아서 동물의 인슐린을 추출해 당뇨병 환자에게 추출하는 방식이었다. 또한 인슐린만 정확하게 분리하는 기술이 없었기 때문에, 혹시 모를 돼지나 소의 질병이 사람에게 옮겨지지 않을까 하는 우려도 많았다.

이런 상황에서 생어는 인슐린의 1차원적인 아미노산의 배열 순서를 규명해 51개의 아미노산을 가지고 있다는 점을 알아냈다. 이 연구를 바탕으로 대장균을 이용해 실험실에서 인슐린을 대량 생산할 수 있는 기반이 마련되어 생어에게 노벨상이 수여된다. 참고로 생어는 한 번 받기도 힘든 노벨상을 두 번이나 받았는데, 1980년대에 유전자의 기본 구조를 밝혀내 노벨 화학상을 수상한다.

한편 호지킨은 인슐린의 3차원 입체 구조를 규명함으로써 인슐린의 화학적 합성과 당뇨병 치료제 개발에 크게 기여한다. 35년간 이어진 집념의 연구를 통해 얻어낸 성과였다고 한다. 여러 과학자들의 노력을 거치며 인슐린은 동물에서 얻어야 했던 과거를 지나, 실험실의 박테리아에서 대량 생산되어 오늘날에는 일상에서 어렵지 않게 활용할 수 있는 치료제로서 자리매김하게 되었다.

하지만 인슐린은 당뇨병의 완전 치료제는 아니다. 인슐린은 본래 췌장에서 분비되는 호르몬으로 혈당 수치가 높아졌을 경우 이를 낮추고 정상화하는 역할을 한다. 당뇨병 환자의 경우 인슐린이 정상적으로 생산되지 않거나 반응성이 저하되어 외부에서 추가적으로 인슐린을 투약하는 것이기에 효능만 있을 뿐, 근본적인 치료제가 되지 못한다. 투여한 인슐린이 기능을 다하면 또 새로운 인슐린을 투여해야 하며, 근본적으로 췌장이 회복되지 못하면 지속적으로 인슐린을 투여해야 한다. 여전히 당뇨병을 불치병으로 이야기하는 이유가 이것이다.

그래서 최근에는 인슐린을 개선해 유지 기간을 늘리는 연구와 함께 보다 근본적인 치료법을 연구하고 있다.[13] 이 연구는 인슐린을 분비하는 췌장의 췌도라는 세포를 이식하여, 살아 있는 조직에서 혈당에 반응하여 자연스럽게 인슐린을 분비해서 혈당이 조절되게 하는 것이다. 하지만 사람의 췌장에서 췌도를 분리해서 이식하는 것은 매우 어렵다. 특히 신장처럼 두 개가 있어서 한 개를 떼어서 다른 사람에게 줄 수 있는 상황도 아니기에, 사람의 췌도를 확보하는 것은 현실적으로 어렵다. 그래서 대체 동물의 췌장에서 췌도를 이식하는 전략으로 연구가 진행되고 있다. 이것을 이종장기이식이라고 하며, 동물 중에는 돼지가 우선시 되고 있다.

서울대학교 박성회 연구팀에서는 2011년 돼지의 췌도세포를 당뇨병에 걸린 원숭이에게 이식해 면역거부반응 없이 6개월 이상 생존시키는 데 성공하기도 했다.[14] 이 과정을 설명하자면 이렇다. 무균 돼지의 췌장을 분리하고, 분리된 췌장의 단면을 관찰해 췌도세포가 잘 분포되어 있는지 확인한다. 이 췌도세포를 분리해 실험실에서 췌도세포

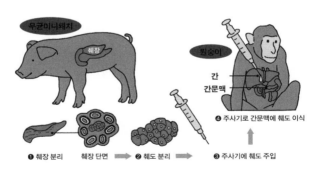

돼지와 원숭이 간 췌도 이식 개념도

가 정상적으로 기능하는지 확인하고, 이 세포들을 모아 원숭이의 간문맥에 췌도세포 덩어리를 이식한 것이다. 이때 원숭이에게 약 10일 전부터 면역 억제제를 투여해서 면역 반응을 최소화한다. 최종적으로 이식한 췌도세포 덩어리가 췌도로 자리 잡아 인슐린을 분비하는 것을 확인했다. 이런 성공적인 이종장기 분야의 도전적인 연구로 보다 완전한 당뇨병 치료가 가능해진 것이다.

이 연구에서 한 걸음 더 나아가, 2019년에 이종장기이식 전문 기업과 서울대학교 바이오이종장기개발사업단에서는 앞서 언급한 돼지의 췌도를 실제 사람에게 이식하는 임상실험을 추진한다고 발표했다. 그동안 원숭이를 통해서 오랜 기간 동안 효능과 부작용을 연구한 결과를 바탕으로 2020년부터 사람에 대한 임상실험을 계획했지만, 국내에서 처음 적용되는 이종장기이식이니 만큼 심사 과정이 까다롭고 오랜 시간에 걸쳐서 2023년에 승인이 났다고 한다. 관련 임상 연구는 가천대 길병원에서 추진하는 것으로 알려져 있으며, 당뇨병에 걸린 사람에게 이식을 하여 그 효과를 증명하면, 선천적 당뇨병을 정복하는 역사적인 이정표가 만들어질 것으로 예상하고 있다.

또 다른 이종장기이식의 성과는 2022년 1월 미국에서 발표되었다. 심장 이식을 대기하고 있던 환자에게 돼지의 심장을 이식해도 된다며 FDA가 승인을 했고, 이에 따라 돼지의 심장이 사람에게 이식이 되었다. 그동안 원숭이에게 돼지의 심장을 이식해 1년 이상 생존한 보고 등 여러 연구들이 있었고, 관련 분석을 통하여 과학자 및 의사들은 돼지의 심장을 사람에게 이식해도 생존할 수 있다는 판단을 내린 것으로 해석된다. 수술은 성공적으로 이루어졌고, 환자 데이비드 베넷은 돼지의 심장을 가지고 살아가기 시작했다. 의학계에서는 이 수술의 성공을 두고 인류가 달에 첫발을 내딛는 것과 같은 역사적 성과라고 평가하고 있다.

불행히도 돼지의 심장을 이식받은 환자는 두 달 정도 생존하다가 갑자기 상태가 나빠져 사망하게 되었다. 사망의 원인에 대해서 이식 거부 반응보다는 다른 원인이 있을 것이라는 데 무게가 실렸고, 여러 분석 끝에 사망의 원인으로 돼지에 있는 거대세포바이러스가 지목되기도 했다. 하지만 관련 연구를 진행했던 미국 메릴랜드대학 연구팀은 사망 원인으로 다른 문제점을 확인했다고 2023년 7월에 발표했다. 이 발표에 따르면 이식을 받은 환자의 내피세포가 손상을 입은 것을 확인했으며, 이는 항체가 거부 반응을 보인 것으로 해석된다. 이식받기 전 환자의 건강 상태가 너무 좋지 않았기 때문으로, 만약 조금 더 건강한 상태의 환자에게 돼지 심장 이식이 이루어진다면 더 오랜 기간 동안 생존할 수 있을 것으로 예상된다고 발표했다. 앞으로 돼지 심장의 이식은 계속해서 이루어질 것으로 생각되며, 여러 장기들도 이식될 수 있을 것으로 생각된다. 실제로 2023년 미국에서 돼지 신장을 뇌사자에게 이식하여 32일째까지 정상적으로 기능하고 있다고 보고했다. 이런 이종장기이식 기술은 이식을 기다리는 환자들에게는 한 줄기 빛이 될 수 있을 것으로 생각된다.[15]

실험관 시술에서
백신까지,
생명을 지킨 동물들

시험관 시술, 사회문제의 과학적 해결법

오늘날 전 세계에서는 저출산과 고령화에 대한 우려가 심화되고 있다. 특히 우리나라의 경우 여성의 사회 진출과 경력 단절의 문제 등으로 아이를 낳지 않는 딩크족이 증가하는 추세다. 통계청에 따르면 2020년 기준 가임 여성 한 명당 합계출산율은 0.84명으로 한 명이 채 되지 않는다.[16] 이를 해결하기 위해 여러 대안을 마련하고 있지만, 출산율이 반등하지 않는다는 점을 보면 저출산의 근본적인 해결책은 아닌 듯하다.

전 세계에서 살기 좋은 도시를 꼽을 때 항상 상위권을 차지하는 도시는 오스트리아 비엔나와 캐나다 밴쿠버이다. 비엔나에서 생활했던 경험을 바탕으로 그 이유를 생각해보면, 아마 아이를 배려하는 제도와 문화가 밑바탕이 된 것이 아닌가 싶다. 길에서 유모차를 끌고 다니기에 불편함이 없고, 트램이나 지하철 등의 대중교통을 이용할 때도 유모차가 타기 좋게 설계되어 있어 어디든 아이와 함께 다니기 좋다. 시민들도 아이를 동반한 가족에 대한 배려가 몸에 배어 있다. 우리나라 저출산 문제의 해답 또한 사회적 제도의 변화와 함께 인식 개선을 위한 노력이 기본이 되어야 할 것이다.

과학자들도 저출산 문제에 많은 관심을 갖고 있다. 물론 과학자들의 시각은 환경적인 영역이 아닌 생물학적인 영역을 향해 있다. 출산율을 저하시키는 원인, 즉 난임을 해결하는 것이다. 오늘날에는 불임처럼 의학적으로 해결이 불가한 정도가 아닌데도 임신에 어려움을 겪는 사람들이 적지 않다. 국민건강보험공단 국민관심질병통계에 따르면 1년 이상 자연적인 임신이 안 되어 난임으로 진단받은 남녀는 20만 명을 넘어섰다.[17]

생리학자 에드워즈에 의해 실험실에서 정자와 난자의 수정이 가능해지고, 시험관 아기 루이스가 탄생한 지 40여

년이 지난 지금, 시험관 시술에 대한 사람들의 태도는 달라졌다. 특히 난임 부부에게 시험관 시술은 커다란 희망이다. 윤리적 논란이 거셌던 당시에는 감히 상상조차 못 했던 모습이다. 오늘날 시험관 시술로 태어난 아기는 전 세계적으로 600만 명이 넘는다. 이는 난임 부부의 비율이 높아질수록 더욱 증가할 것이다. 특히 우리나라는 난임 부부들이 시험관 시술을 시도할 수 있도록 정부에서 시험관 아기 시술 비용을 지원하는 등의 복지를 제공하기도 한다.

주목할 만한 것은 에드워즈가 개발한 시험관 시술 또한 처음에는 동물실험에서 시작되었다는 사실이다. 에드워즈는 쥐의 정자와 난자 연구를 비롯해 돼지, 소 등 실험동물의 생식세포를 연구해왔는데, 이는 훗날 시험관 아기를 탄생시키는 연구 기반이 된다. 당시 시험관 아기의 임신과 출산 가능성에 대한 우려가 있기도 했지만, 이에 대한 안전성 또한 앞선 많은 동물실험을 통해 증명된 사실이었다. 오늘날 시험관 아기가 과거와 달리 논란에서 자유로울 수 있는 것 모두 실험동물을 통해 이런 연구가 선행된 덕분이다. 가족 친화적인 정책 변화와 함께 시험관 아기 연구 같은 과학적인 해결책이 맞물려, 저출산이라는 사회적 문제를 해결해나가길 바란다.

타고나는 질병의 원천 봉쇄

과거 시험관 아기와 같은 논란을 일으키는 연구를 꼽으라면, 질병 치료 목적의 체외수정법으로, 이른바 '세 부모 아이 시술'이다. 말 그대로 생물학적 부모가 세 명이라는 것인데, 이 때문에 많은 윤리적인 논란 가운데 있다. 영국에서는 2016년에 이를 승인했고, 각 국가마다 이를 다루는 기술 규정은 각기 다른데 오로지 질병 치료의 목적으로 엄격히 통제 관리하고 있다. 우리나라에서는 여전히 불법이다.

세 부모 아이는 쉽게 말해 질병, 특히 모계 유전병을 막기 위해 연구되었다. 기본적으로 여성의 생식세포 난자는 다음 세대에 유전정보를 전달하는 두 가지 세포 내 기관이 존재하는데, 하나는 핵에 존재하는 유전정보이며, 다른 하나는 미토콘드리아에 존재하는 유전정보이다. 반면에 남성 생식세포인 정자는 다음 세대에 유전정보를 전달하는 것은 핵에 존재하는 유전정보만 존재한다. 따라서 미토콘드리아에 존재하는 유전병이 있으면 계속해서 그 질병이 다음 세대에 전달된다. 그러므로 미토콘드리아 유전정보에 결함이

서가
명가

서울대 가지 않아도 들을 수 있는 명강의

인문 · 개인에서 타인까지, '진짜 나'를 찾기 위한 여행

다시 태어난다면, 한국에서 살겠습니까

사회과학 이재열 교수 | 18,000원

"한강의 기적에서 헬조선까지 잃어버린 사회의 품격을 찾아서"

한국사회의 어제와 오늘을 살펴
문제점을 진단하고 해결책을 제안한 대중교양서

우리는 왜 타인의 욕망을 욕망하는가

인류학과 이현정 교수 | 17,000원

"타인 지향적 삶과 이별하는 자기 돌봄의 인류학 수업사"

한국 사회의 욕망과
개인의 삶의 관계를 분석하다!

내 삶에 예술을 들일 때, 니체

철학과 박찬국 교수 | 16,000원

"허무의 늪에서 삶의 자극제를 찾는 니체의 철학 수업"

니체의 예술철학을 흥미롭게, 또 알기 쉽게
풀어내면서 우리의 인생을 바꾸는 삶의
태도에 관한 니체의 가르침을 전달한다.

지금, 서가명강 시리즈로 각 분야 최

서가명강 BEST 3

서가명강에서 오랜 시간 사랑받고 있는
대표 도서 세 권을 소개합니다.

나는 매주 시체를 보러 간다

의과대학 법의학교실 유성호 교수 | 18,000원

"서울대학교 최고의 '죽음' 강의"

법의학자의 시선을 통해 바라보는 '죽음'의 다양한
사례와 경험들을 소개하며, 모호하고 두렵기만
했던 죽음에 대한 새로운 인식을 제시하다

왜 칸트인가

철학과 김상환 교수 | 18,000원

**"인류 정신사를 완전히 뒤바꾼
코페르니쿠스적 전회"**

칸트의 위대한 업적을 통해 인간에게 생각한다는
의미와 시대의 고민을 다루는 철학의 의미를
세밀하게 되짚어보는 대중교양서

세상을 읽는 새로운 언어,
빅데이터

산업공학과 조성준 교수 | 17,000원

**"미래를 혁신하는
빅데이터의 모든 것"**

모두에게 영향력을 끼치는 '데이터'의 힘
일상의 모든 것이 데이터가 되는 세상에서
우리는 빅데이터를 어떻게 바라봐야 할까?

인생명강

내 인생에 지혜를 더하는 시간

* 인생명강 시리즈는 계속 출간됩니다.

있는 여성의 입장에서 자신의 유전병을 딸에게 대물림하지 않기 위해 세 부모 아이 시술을 선택할 수 있다.

그 과학적 방법론은 이렇다. 미토콘드리아 DNA의 결함을 지닌 여성의 난자에서 핵을 빼내 결함이 없는 다른 여성의 핵을 제거한 정상적인 난자에 주입한다. 그래서 결함이 있는 미토콘드리아 DNA가 다음 세대로 전달되는 것을 차단하는 것이다. 이를 미토콘드리아 교체법MRT이라고 한다. 이런 방법을 통해서 태어난 세계 최초의 세 부모 아이인 엠마를 비롯해 전 세계적으로 20~30명의 아이가 이와 같은 방법으로 탄생한 것으로 알려져 있다.

앞서 선천적 질병과 후천적 질병을 비교하며, 후천적 질병에 비해 선천적 질병에 대한 연구와 투자가 적은 현실을 지적했었다. 다양한 희귀 유전병들이 눈에 보이지 않고 흔하지 않다는 이유로 연구의 우선순위에서 밀리고 만다. 그런 점에서 윤리적 차원의 문제를 차치한다면, 세 부모 아이 시술은 유전병 치료에 대한 관심과 연구의 중요성을 일깨워주는 좋은 예라고 할 만하다.

최근 미토콘드리아의 돌연변이를 유전자 편집으로 치료 가능하다는 연구 결과가 발표되었다. 실제 사람에게 적용하려면 오랜 세월이 걸리겠지만, 미토콘드리아 교체법이 아닌 직접 치료법도 가능할 것으로 생각한다.

코로나19 백신이 나오기까지

동물실험이 이뤄지는 많은 질병 중 전염병은 특히 연구가 가장 활발하게 이루어지는 분야다. 코로나19로 전 세계가 대혼란에 휩싸였지만 빠른 백신 개발로 각국에서 접종이 이루어졌기 때문에 확산이 저지되며 사태가 진정될 수 있었다. 여기저기에서 부작용과 관련한 부정적인 뉴스들도 들려오지만, 백신이 인류를 구원하는 훌륭한 발명품이라는 것은 부인할 수 없는 사실이다.

인류 최초의 백신, 종두법은 1796년 영국의 의학자 에드워드 제너에 의해 발명되었다. 목장에서 일하는 사람들의 경우 천연두 바이러스에 잘 감염되지 않는다는 사실로부터 착안되었기 때문에, 백신이라는 단어가 라틴어 암소 vacca에서 유래되었다고 한다. 사실 최초의 종두법은 소의 우두 바이러스에 감염된 사람의 고름을 채취해 직접 접종하는 방식이었다. 이 방법은 당시 고름을 맞으면 사람이 소처럼 변할 것이라는 패러디가 나올 정도로 사람들을 큰 혼란에 빠뜨리기도 했다. 하지만 종두법의 시행으로 오늘날 천연두 바이러스는 인류가 처음이자 마지막으로 종식시킨 전염병으로 기록되어 있다.

현대 과학에서 백신을 개발하는 과정에서 실험동물은 필수 요소이며, 대부분은 생쥐가 대상이다. 하지만 앞에서 잠시 언급한 것처럼 코로나19의 경우에는 생쥐가 감염되지 않아서 자연적으로 감염되는 햄스터를 이용하기도 했었다. 지금까지 발표된 햄스터 관련 코로나19 논문만 해도 수백 편에 이른다.[18] 농림축산검역본부의 발표에 따르면 연구를 위해서 희생된 실험동물의 수는 2017년 300만 마리를 넘어서 계속 증가하여 2021년에는 480만 마리를 넘었다.[19] 이렇게 최근 들어서 희생된 실험동물의 숫자가 증가한 이유는 2020년 발생한 코로나19 백신 및 치료제 개발 때문으로 해석된다.

이번 코로나19 팬데믹 상황에서 생쥐와 햄스터 이외에 주목받은 실험동물이 하나 있다. 바로 페럿이다. 페럿은 최근 반려동물로 키우는 사람도 증가하고 있지만, 코로나19의 대표적인 실험동물로 주목을 받았는데, 그 이유는 사람과 호흡기관이 유사하기 때문이다. 그렇기에 페럿은 인플루엔자 바이러스나 코로나19 바이러스 등의 호흡기 전염병 연구에 널리 활용된다. 이런 사실은 1934년 미국의 과학자 리처드 쇼프^{Richard Shope}가 돼지 인플루엔자를 연구하던 중에 페럿의 감염을 확인하면서 알려졌다. 최근 덴마크에서는 코로나19 바이러스가 페럿에서 사람으로 전파될 가능성이 높기 때문에, 이를 차단하고자 족제빗과인 밍크를 수백 마리 이상 살처분해서 많은 논란을 일으키기도 했다. 또한 실험을 통해 고양이에 감염된 코로나19 바이러스가 사람에게 전파될 수 있는 보고가 있고, 2022년 태국에서는 고양이에서 사람에게 감염된 사례가 보고되었는데, 같은 고양잇과인 사자, 호랑이 또한 코로나19에 감염된다는 사실이 밝혀지기도 했다.

동물실험을 둘러싼
오해와 진실

눈부신 의학기술 뒤에는 동물실험이 있었다

아주 오래전부터 의과학자들은 사람 몸속에 있는 장기들의 구조와 역할에 대해 궁금해했다. 역사 속의 기록에 따르면 사람의 장기를 이해하기 위해서 동물의 해부를 통해 이해했다고 알려져 있다. 로마의 유명한 의사 갈렌은 동물해부학을 통해서 신경계에 관한 많은 실험을 한 학자도 알려져 있다. 그는 당시에 중요한 동물인 돼지와 염소를 해부하면서, 동물의 해부학적 지식을 책으로 출판하여 후세의 과학에 많은 영향을 준 인물로 알려져 있다.

동물실험에 대해서는 인체를 대상으로 한 연구보다 훨씬 오래된 역사들이 있다. 앞에서 소개한 에드워드 제너는 천연두를 정복하는 것으로 최초의 백신을 만들었다. 이를 실용화하여 백신을 개발한 사람은 루이 파스퇴르Louis Pasteur로 알려져 있다. 파스퇴르는 닭에서 창궐한 콜레라를 치료하기 위해서 콜레라에 걸린 닭에서 균을 분리하여, 건강한 닭에게 주사하는 실험을 했다. 이 실험에서는 결국 많은 닭들이 직접 주입된 분리된 균에 의해 죽게 되었다. 그런데 이 과정에서 실수로 하루 정도 방치된 균이 있어서, 다음날 닭에게 투여했더니 닭이 시름시름 앓다가 죽지 않고 살아난 것이다. 파스퇴르는 살아난 닭에게 신선한 균을 다시 투여했는데, 닭이 죽지 않는 것을 보고 현대 백신의 개념을 정립했다.

또한 파스퇴르는 탄저균 백신을 만들기 위한 동물실험 일화로도 유명하다. 그는 탄저균 백신을 주사한 동물과 그렇지 않은 동물로 공개적으로 동물실험을 했는데, 예상한 대로 백신을 맞은 동물들만 감염되지 않고 살아남는 것을 보여주었다. 이후로 많은 학자들이 동물의 전염성 질병을 대상으로 직접 해당 동물에 병원균을 주사해 결과를 관찰하는 동물실험이 보편화되었다.

반면에 사람의 약을 개발할 때에는 지금처럼 반드시 동

물실험을 해야 하는 것은 아니었다고 한다. 1900년대 초에는 약물의 안전성에 규제가 느슨해, 동물실험을 통해 안전성이 확보되지 않아도 약이 등록되고 판매가 되기도 했다. 하지만 1937년에 설파닐아마이드로 치료로 받은 사람들 중 100여 명이 사망하는 사건이 발생했다. 원래 설파닐아마이드는 분말 형태로 연쇄상구균감염 치료에 쓰이는 안전한 약으로 알려져 있었다. 이 약을 액상으로 만들기 위해서 사용한 물질이 지금의 부동액 성분인 DEG인데, 당시에는 DEG라는 물질에 대한 독성 실험을 거치지 않고도 약이 허용되었던 것이다. 이 사건을 계기로 미국 식약처에서는 약을 등록하려면 동물실험을 반드시 해야 한다는 법이 만들어지게 되었다고 한다.

동물실험을 통해서 안전성이 있는 약들이 개발되었고, 앞서 이야기한 설파닐아마이드 사건과 같은 일이 재현되지 않았지만, 미처 예측하지 못한 면에서 또 다른 사건이 터졌다. 당시의 동물실험 기준을 충족해 안전성과 효능이 확인되어 판매된 탈리도마이드 사건이다. 1960년대에 사용된 이 탈리도마이드는 임산부들의 입덧 방지용으로 판매가 되었는데, 이 약을 복용한 임산부들에게서 기형아들이 출산되어 사용이 금지되었다.

이 탈리도마이드 사건은 동물실험에서 대상 동물의 종류를 다양화하고, 약물의 농도를 여러 단계로 설계해야 한다는 교훈을 남겼다. 약물의 안전성을 강화하기 위한 동물실험의 중요성이 더욱 강조되는 사건이었다. 이런 배경으로 초기의 간단한 동물실험은 다양한 동물을 대상으로 복잡하게 설계된 현재의 동물실험으로 바뀌어왔다.

동물실험을 극복하려는 과학자들의 노력

동물실험을 극복하기 위한 노력은 크게 두 가지의 방향으로 이루어지고 있다.

첫 번째는 동물 대신 세포 모델을 이용해 실험해 대상 동물의 숫자를 줄이는 것이다. 세포는 살아 있는 동식물을 구성하는 기본단위로서 이들의 활동들이 모여서 생물체 전체의 기능을 하고 있다고 할 수 있다. 2000년대 이전에는 세포를 다루는 기술의 한계로, 주로 암세포의 기능을 분석해왔다. 잘 알고 있는 것처럼 암세포는 죽지 않는 특성을 가진 동시에, 암 발생 기전을 이해하는 데 중요한 생물학적 재료이다. 이 재료를 다루면서 지난 30년에 걸쳐 암에 대한 많은 정보를 얻었으며, 일부의 암은 정복이 가능해졌다. 하지만 암세포로는 정상세포의 기능을 연구하는 데 한계가 있다.

정상 조직에서 세포를 분리해 배양하는 연구는 이 세포들이 분리된 조직의 기능을 파악할 수 있는 좋은 방법이지만, 정상세포를 장기간 배양하기 어렵다는 단점이 있다. 세포를 장기 배양하는 것은 세포의 특성을 파악하고, 유전물질을 포함한 핵산과 단백질의 기능을 알아가는 데 필요하다. 이 단점을 극복한 데는 정상세포가 분리 배양되면서 노화를 겪는 다양한 기전을 알게 된 것이 주요했다. 결정적으로 일반 체세포가 다시 수정란이 되어 만능세포로 분화할 수 있는 체세포 복제에 성공한 것이 그 문제를 해결하는 열쇠가 되었다. 앞에서 잠시 설명한 대로 만능세포는 수정란에서 얻을 수 있으며, 이후 모든 조직의 세포로 분화할 수 있는 가능성을 가진다. 만능세포는 암세포처럼 쉽게 죽지 않으면서도, 주변 환경의 조건을 맞추어주면 특정 장기의 세포로 발달한다.

예를 들어 만능세포를 키우다가 이 세포를 근육으로 만들고 싶으면, 세포 배양 조건을 근육세포 생장에 맞추어주는 것이다. 만능세포들이 근육세포로 발달하면서 대량의 근육세포를 배양할 수 있게 되는데, 이 세포들을 이용해 근육에 관련한 실험을 할 수 있다. 이런 방법으로 동물실험의 일부를 대체할 수 있는 것이다.

두 번째 노력은 컴퓨터 모델을 이용하여 실험을 진행하는 것이다. 연구를 하면 그 과정을 기록하고, 이미지를 정리해 컴퓨터에 저장한다. 이런 자료는 처음에는 컴퓨터 하드디스크에 저장되는데, 논문을 발표한 이후에는 도서관 데이터베이스에 저장이 되고, 다른 사람들이 인터넷을 통해 자료를 내려받아 이용하는 형식으로 저장 공간만 옮겨 다니는 것이다. 동물실험에 관한 논문도 마찬가지다. 동물에게 먹이는 약이나 식품을 테스트하면서 행동, 체중의 변화를 비롯해 다양한 생물학적 정보를 기록한다. 이것을 통계학적으로 분석하고, 조직병리학적으로 장기에 미치는 영향을 관찰해 결과를 발표한다. 그리고 이렇게 동물실험에 관한 자료가 점차 누적되어 방대한 양이 된다. 그래서 연구자들은 이 자료들을 이용해 반복적으로 이루어지는 유사한 실험들에서 결과를 예측할 수 있게 하는 프로그램을 만들었고, 이것을 이용해 간단한 실험을 대체할 수 있게 되었다.

또 조직의 특성을 연구할 때, 조직 전체가 아닌 단일세포의 분석으로 연구하는 방법이 있다. 단일세포에서 유전자를 추출해 그 특성을 컴퓨터에 저장한다. 이 자료들은 최근 성장하고 있는 인공지능 기술과 결합되면서 점차 정확도가 높아지고 있다. 이제 유전정보를 입력하는 것으로 가정된 동물실험에 대한 결과를 예측할 수 있는 수준이 되었다. 과학 용어로는 이것을 인실리코in silico라고 하는데, 인실리코 분석 연구는 이제 일부에서 동물실험을 거치지 않아도 인정될 만큼 높은 정확도를 보인다고 한다.

동물실험은 사라질 수 있을까

2019년 9월, 미국 환경보호청은 오는 2035년부터 원칙적으로 동물실험을 금지하겠다고 파격적인 선언을 했다. 동물실험을 줄여야 하는 점에서 공감하고 있었기에 어느 정도 예상했지만 생각보다 빨리 다가온 듯하다. 동물실험을 줄여야 한다는 것은 이제 모든 과학자들뿐만 아니라 시민들도 공감하고 있다. 실제로 동물실험의 횟수 및 양이 감소하는 양상을 보였다. 화장품에서의 동물실험 금지, 동물실험의 대안으로 하나둘씩 만들어지고 있는 세포 실험 등이 그 역할을 했다.

이런 추세를 뒤로 돌린 것은 예상치 못한 코로나19 팬데믹에 맞닥뜨리면서다. 최대한 빠르게 코로나19 백신과 치료제를 개발해야 하는 상황에서 많은 제약회사와 연구소는 동물실험 대체법보다는 기존의 방법을 이용하는 것을 선택했다. 동물실험 대체법은 아직 기존의 동물실험만큼 정확하게 효능을 평가할 수 있을 정도로 발전되지 않았기 때문이다. 이제는 약 3년 만에 어느 정도 일상을 회복했고, 코로나19에 대한 연구 결과가 쌓이면서 관련 동물실험은 서서히 줄고 있다. 아마도 다시 동물실험을 줄이기 위한 노력은 이전보다 더 빠르게 진행될 것으로 생각한다.

최근 발표되는 인공지능의 능력은 놀랄 만큼 우수하다. 아직까지는 동물실험을 대체할 수준이 아니지만, 얼마 전 구글이 발표한 AI 프로그램 '알파폴드AlphaFold'는 단백질 구조를 예측하는 기능으로 세상을 바꾸는 기술이 될 것이라는 기대를 받고 있다. 최근에는 알파폴드의 기능을 향상시킨 알파폴드 2가 발표되었고, 이어서 또 다른 단백질 구조를 예측하는 '로제타폴드RoseTTAFold'가 발표되었다. 또한 챗

GPT의 등장과 더불어 앞으로 인공지능이 어디까지 발전할지 궁금증이 쏠리고 있다.

물론 현실은 늘 그렇듯 녹록지 않은 부분도 있다. 앞으로도 새로운 전염병이 등장할 것이며, 그 새로운 병원체를 연구, 분석하고 치료제와 백신을 개발하는 일이 분초를 다툴 것이다. 그런 상황에서 기존의 동물실험보다 빠르고 정확한 결과를 낼 수 있는 기술이 개발될지는 여전히 물음표일 수밖에 없다. 2022년 추계 대한수의학회에서 김우주 교수의 기조 강연은 팬데믹에서 일상으로 돌아온 우리의 뒤를 돌아보는 것이었다. 많은 연구자들의 노력과 그 노고를 치하하며, 실험동물의 역할이 중요함을 이야기하는 강연에 많은 수의사들이 공감했다. 실험동물을 가장 가까이 접하는 수의사들이기에, 동물실험이 사라질 수 있을지, 누구보다 궁금한 이들이다.

SF 영화처럼 외모, 지능, 성격 등 자녀
의 DNA를 마음대로 편집하는 것이 현
실에서도 가능한가?

이론적으로 가능하다. 많은 유전자분석을 통해
외모, 지능, 성격 등에 관련된 유전자가 어떤 것인
지 알려져 있다. 물론 100퍼센트 다 밝혀진 것이
아니다. 하지만 외모, 지능 등에 관하여 알려진 유
전자라면, 그 유전자를 합성하거나 추출해 실험
실 수준에서 편집하는 것이 가능하다. 예를 들어
지능에 영향을 준다고 알려진 유전자 A가 있다고

하자. A 유전자는 보통의 사람들이 보통의 기억력을 갖게 하는 기능을 가지고 있는데, A 유전자가 유전자 편집에 의해 돌연변이가 되어서 기억력이 낮아지거나 높아지는 현상이 나올 수 있다.

현재의 유전자 편집 기술은 원하는 유전자만 편집할 수 있는 수준에 이르렀다. 하지만 매우 드물게 원치 않는 위치에까지 돌연변이 영향을 주는 경우에 대해서는 아직까지 완벽하게 통제하지 못한다. 과학자들은 원치 않는 부위에 일어나는 돌연변이를 0퍼센트로 만들기 위해 계속해서 노력하고 있다. 이런 이유 때문에 사람의 유전자 편집을 통해서 생명체까지 태어나게 하는 것은 법적으로 금지하고 있으며, 특히 외모, 지능, 성격 등에 대한 연구는 인간의 욕망을 부추겨 과도한 남용과 부작용을 초래할 수 있기 때문에 더욱 엄격히 제한하고 있다.

따라서 대부분의 과학자들은 질병의 발생과 관련이 있거나 생명 현상과 관련된 유전자 편집 연구에 집중한다. 특히 암 및 유전병의 발생에 대한 연구가 활발하게 진행되고 있다. 유전병 중에서

겸상적혈구빈혈증에 대한 유전자 편집 치료는 매우 활발하게 연구가 진행되고 있어, 사람을 대상으로 하는 임상실험이 진행되었다는 뉴스가 발표되기도 했다.

코로나19 바이러스 백신에 이어 치료
제가 개발되고 있는데, 여기에서의 동
물실험은 어떤 방식으로 진행되는가?

백신은 코로나19 바이러스에 걸리지 않게 예방해
주는 것이고, 치료제는 이미 감염된 후에 사용하
는 것이다. 치료제는 중화항체, 혈장치료제, 항바
이러스제, 면역조절제 등이 이용된다. 백신은 감
염된 바이러스를 무력화시키는 것을 목표로 한다.
포유동물은 세균이나 바이러스에 감염되면 몸 안
의 면역세포가 항체를 만들어낸다. 이 항체는 침
입한 외부의 병원체들을 공격하여 죽이는 역할을
한다. 이 항체들은 병원체의 특성을 기억하고 있

다가 또다시 공격받았을 때 재빨리 많은 항체를 생성해 병원체와 싸운다. 이것이 백신의 원리이다.

한편, 치료제는 항체의 기억력에 의존하는 것이 아니라, 항체 그 자체를 이용한다. 한번 병원에 감염된 동물의 혈액 속에는 그 병원체를 죽일 수 있는 항체가 떠다닌다. 혈액에서 그 항체를 분리해 이제 막 감염된 동물에게 투여하면, 새롭게 감염된 동물의 몸속에서 병원체를 죽인다. 자연적으로 항체가 생성되길 기다리는 것보다 훨씬 빠르고 직접적인 효과가 있다.

코로나19 치료제의 경우, 특히 햄스터를 대상으로 실험하는데, 감염시킨 햄스터의 혈액에서 항체를 분리한다. 이 항체를 감염된 다른 실험동물의 몸에 투여해 바이러스가 사멸되고 건강을 회복하는지 평가하게 된다.

항체 외에도 병원체를 죽일 수 있는 다양한 물질이 있다. 이들도 모두 동물에게 감염을 유도해 증상을 확인한 뒤, 병원체를 죽일 수 있을 것이라 기대되는 물질을 투여하는 과정을 거쳐 그 효능을

검증한다. 이후 인체에 끼칠 수 있는 부작용을 모
니터링하기 위해 안전성 평가를 위한 동물실험을
다시 한 번 거친다.

동물실험을 대체할 만한 새로운 연구
들의 동향은 어떠한가?

2003년 유럽연합은 화장품 완제품에 대한 동물실
험을 금지시켰고, 2013년 3월 11일에는 모든 화
장품 원료에 대해 동물실험을 금지시켰다. 우리
나라 또한 2015년부터 동물실험을 금지하고 이를
어길 경우 과태료를 부과하는 등의 조치가 시행되
었다. 일부 예외 조항을 두어서 어쩔 수 없는 경우
에는 동물실험을 허용하고 있다. 예를 들어 화장
품 수출을 위하여 수출 상대국의 법령에 따라서 동
물실험이 필요한 경우, 또는 동물실험을 대체할
수 있는 실험을 실시하기 곤란한 경우로서 식품의
약품안전처장이 정하는 경우가 이에 해당한다.

현재까지 개발된 동물실험을 완전히 대체하는 방법으로는 몇 가지 있는데, 예를 들면 생체외 피부흡수시험, 소 각막을 이용한 안점막자극시험법, 닭의 안구를 이용한 안점막자극시험법, 인체 각막유사 상피모델을 이용한 안자극시험법 등이 있다. 과거 안자극 실험의 경우, 살아 있는 토끼의 눈에 직접 자극을 하는 실험을 했지만 이제는 도축된 동물의 각막으로 대신되었다고 할 수 있다.

동물실험의 대체 실험법으로 떠오르고 있는 대안 중 하나는 오가노이드, 즉 미니장기다. 소장 안을 현미경으로 자세히 보면 올록볼록한 소장 세포들을 확인할 수 있다. 이들 세포는 설사를 할 경우 죽어서 떨어지는데, 이때 그 자리를 다시 채우는 새로운 세포를 줄기세포라고 부른다. 이 줄기세포를 실험실에서 배양하면 소장 오가노이드가 만들어진다. 돼지의 소장 세포를 실험실에서 배양하면 돼지에게 직접 바이러스나 미생물을 주입하지 않아도 간접적으로 실험이 가능한 것이다.

3부_____

만일
우리 곁에

동물이
없다
면

오늘날 동물은 인간과 삶을 공유하는, 어떤 면에서는 가족의 의미에 가까운 존재가 되었다. 그만큼 많은 이들이 동물의 건강에 관심을 기울이고, 질병 치료에도 노력을 쏟는다. 하지만 언제나 그랬듯 동물은 받은 사랑을 다시 돌려준다. 동물 질병 연구는 인간의 질병을 치료하는 바탕이 되어, 결국 인류의 건강을 돌보는 기초가 된다.

동물과 사랑에 빠진
사람들

동물과 반려하는 삶

오늘날 사람들이 함께 생활하는 동물에 대한 인식은 과거와 상당히 달라졌다. 이는 동물을 지칭하는 표현에서도 잘 드러난다. 일방적으로 귀여워하거나 즐긴다는 의미의 '애완동물'이라는 개념은 함께하는 동반자로서의 의미를 담은 '반려동물'이라는 표현으로 대체되었다. 이제 동물은 사람들에게 가족과 같은 존재가 되었다.

2017년에 증축, 이전한 서울대학교 동물 병원이 마치 캣타워를 연상시키는 통유리 건물로 디자인된 것 또한 반려동물에 대한 우리 사회의 변화를 보여주는 좋은 예다. 이제는 동물 병원도 치료를 받는 물리적인 공간의 의미를 넘어, 반려동물과 보호자 모두에게 심리적인 안정감과 편안함을 주는 공간으로 거듭나고 있다.

반려동물은 사람들과 삶의 공간을 공유하면서 함께 활동하는 동물을 말한다. 부부 사이에 반려자라는 표현을 쓰듯이, 평생을 함께할 짝이라는 의미가 담겨 있다. 반려동물이라고 할 때 대표적으로 떠오르는 동물은 개나 고양이 정도지만, 누군가에게는 늑대나 사자와 같은 야생동물이나 돼지나 소와 같은 산업동물 또한 반려동물일 수 있다. 결국 사람들과 삶을 공유하는 동물이라면 무엇이든 반려동물이 될 수 있는 것이다.

반려동물이 영화나 전시회의 주인공이 되는 것 또한 이런 시대적 분위기를 잘 보여준다. 애니메이션 〈마이펫의 이중생활〉에서의 반려동물은 생각하거나 행동하는 모습이 사람과 다르지 않다. 영화 〈마음이〉의 주인공 마음이 또한 사람 사이에 일어나는 것 이상의 교감을 소녀와 나눈다. 오늘날 반려동물은 먹던 음식도 함께 나눠 먹을 수 있는 존재가 되었다. 청결의 경계를 넘어서는, 온전한 가족의 범위에 반려동물이 들어와 있다는 것을 보여준다. 과거에는 상상조차 어려웠던 모습이다.

어릴 적부터 다양한 동물을 접한 사람은 동물에 대한 공포나 거부감이 적다. 작은 개나 고양이뿐만 아니라 소나 말 같은 큰 동물을 보고 자란 경우 똑같은 생명을 가진 소중한 존재로서 동물을 받아들이게 된다. 이는 오늘날 많은 사람들이 자녀들에게 하는 교육이기도 하다. 정서적으로 교감이 가능한 생명체로서, 동물과 눈빛을 맞추고 마음을 나누는 것이다.

동물은 어린아이뿐만 아니라 노인에게도 매우 중요한 존재다. 국제노령연맹과 바이엘 헬스케어에 따르면 반려동물은 노인의 육체적, 정신적, 감정적, 사회적 건강에 긍정적인 영향을 주는 것으로 나타났다.[20] 실제로 노인이 아니더라도 혼자 사는 1인 가구나 난임 또는 불임 부부의 경우에도 서로 마음을 나누는 따뜻한 존재를 생활 속에서 함께하기 위해 반려동물과 지내는 경우가 많다. 물론 AI 기술의 발달 덕분에 요즘에는 로봇과도 사람처럼 대화를 할 수 있지만, 기계와의 대화를 어찌 생명체의 따스함에 비할 수 있겠는가. 아마도 기계는 반려동물처럼 눈을 맞추거나 마음으로 대화하는 것이 불가능하기 때문일 것이다. 사람들은 반려동물에게 사람에 버금가는, 때로는 그보다 따뜻한 위안과 위로를 얻는다.

　반려동물을 사랑한다는 말 안에는 많은 책임감이 들어 있다. 사랑한다면서 상대가 무엇을 좋아하고 싫어하는지, 어디가 불편하고 아픈지조차 모른다면 사랑이라고 할 수 없다. 그런 만큼 반려동물을 진정으로 사랑하기 위해서는 반려동물에 대한 기본적인 건강 상식은 알고 있어야 한다.

　앞서 백신의 역사와 역할에 대한 이야기를 했다. 이제 백신은 건강을 지키는 데 필수적인 도구가 되었다. 아기가 태어나면 바로 백신을 맞추기 시작해 약 10년에 달하는 백신접종 스케줄표를 받아들이는 건 부모에게 자연스러운 의무가 된다. 아이가 백신을 맞지 않은 상태에서 해외로 나가 거주하려고 하면 문제가 되기도 한다.

　마찬가지로 백신은 동물에게도 반드시 필요하다. 게다가 대표적인 반려동물인 개와 고양이에는 천연두 바이러스처럼 치명적인 질병들도 많이 발생하기 때문에 주의해야 한다. 특히 반려동물은 사람과 생활공간을 공유하는 존재인 만큼, 백신접종은 동물뿐만 아니라 사람의 건강을 위해서 필수적이다. 최근에는 외국으로 휴가를 떠날 때 반려동물과 동행하기도 하는데, 이때도 의무 백신 접종 기록이 없으면 출국할 수 없다.

개, 알아야 사랑할 수 있다

개의 경우 어미에게 물려받은 면역력이 약해지기 시작하는 생후 6주부터는 파보바이러스를 포함한 종합 백신, 코로나 장염, 켄넬코프 백신 등을 백신 프로그램에 맞게 접종해야 한다. 동물 병원에 가면 관련 설명을 들을 수 있으며, 이 프로그램은 보통 3차 이상의 백신으로 구성되어 있다. 이는 우리가 코로나19 백신을 3차 이상 맞음으로써 떨어지는 면역력을 자꾸 높여주는 것과 유사하다고 할 수 있다. 생후 3개월 이후에는 광견병 백신을 접종해서 항체를 생성해줘야 한다.

과거에 이런 기본적인 백신접종이 잘되지 않아서 많은 어린 강아지들이 죽는 것을 목격할 때마다 마음이 아팠다. 하지만 요즘은 반려동물에 대한 사회적인 인식이 상당히 개선되었고, 많은 보호자들이 반려동물에 관한 기초 지식을 적극적으로 배우고 있다. 이런 긍정적인 흐름으로 이제는 권장되는 시기에 맞춰 백신을 잘 접종하기 때문에, 어릴 때 백신 미접종으로 죽는 동물의 거의 없다.

개의 평균수명은 치와와나 몰티즈, 푸들 등 소형견의 경우 열다섯 살 내외, 골든리트리버, 세인트버나드와 같은 대형견의 경우 열두 살 내외다. 하지만 이는 어디까지나 평균일 뿐, 어떤 환경에서 어떻게 자라느냐에 따라서도 굉장한 차이가 난다. 기네스북에 기록된 최고령의 개는 평균수명의 두 배에 이르는 스물아홉 살까지 살았다고 알려져 있다.

과거 우리나라에서 키우는 개의 품종은 외국에 비해서 매우 제한적이었다고 할 수 있다. 하지만 점차 반려동물의 인기가 높아지면서, 다양한 품종이 국내에도 들어오게 되었고, 그러면서 특정 품종에서 발생되는 유전 질병들에 대해서도 알려지게 되었다. 늑대로부터 진화되면서 다양한 개의 품종이 생겼고, 사람들은 순종을 유지하기 위해 근친교배를 하는 경우가 많은데, 이런 근친교배의 결과로 유전병의 확률이 높아지게 된다. 대표적인 유전병으로는 베들링턴테리어에서 발생되는 간의 구리 중독증이 있다. 이 병증은 특정 유전자의 결함으로 인해 간에서 구리를 대사할 수 없어, 간에 누적된 구리가 심각한 간 질환을 야기한다. 또 다른 예로서는 킹찰스스패니얼이라는 품종에서 발생되는 근육위축증이다. 이 질환은 근육의 생성에 관여하고 있는 디스트로핀이라는 물질이 유전적 결함으로 생성되지 않아, 근육 생성이 억제된다. 따라서 이 유전병에 걸린 개체는 다 성장해도 근육이 거의 없어서 오래 살지 못한다고 한다. 반려견에는 다양한 유전적 질환이 있을 수 있으므로 가족으로 입양하기 전에 미리 입양하려는 종에 대한 이해를 해두는 것이 필요하다.

의학의 발전으로 이제는 사람의 수명처럼 개의 수명도 질병 환경의 개선에 따라 더욱 늘어날 수 있다. 그뿐만 아니라 반려동물에 대한 책임감이 상당히 개선된 오늘날에는, 많은 사람들이 반려동물의 생명을 더욱 소중히 여기는 마음으로 질병에 대한 이해와 치료에 힘쓴다. 2020년부터는 인구주택총조사에 반려동물을 키우는지에 대한 항목이 추가되었는데, 그만큼 사회적인 인식이 변했다는 것을 보여준다.

물론 대부분의 개는 사람에 비해 턱없이 짧은 수명을 가지고 있다. 결국 삶의 어느 시점에서는 사랑하는 반려동물의 죽음을 맞이할 수밖에 없는 것이다. 특히 어릴 적부터 같이 자랐을 경우, 삶 전체를 함께 공유한 만큼 먼저 떠나보낸 상실감에 괴로울 수밖에 없다. 이처럼 반려동물의 죽

음으로 우울 증상을 겪는 것을 이른바 펫로스 증후군이라
고 하는데, 많은 사람들이 겪는 고통인 만큼 관련 상담이나
도서 등 다양한 대안이 마련되고 있는 추세다.

개의 임신 기간은 평균 수정 후 60일 내외, 배란 후 63일
내외다. 다른 포유동물과 달리 수정과 배란일을 기준으로
임신 기간을 구분하는 것은 늑대를 포함한 갯과 동물의 특
이한 번식생리학 때문이다. 대부분의 포유동물은 배란이
되면 바로 수정을 할 수 있는 상태가 되어서, 1~2일 이내
에 수정이 이루어지고, 세포 분열을 시작한다. 하지만 갯과
동물은 포유류의 일반적인 임신 생리 기전과 조금 다르기
때문에, 이처럼 구분해서 표현하는 것이 맞다. 사람의 임신
기간이 40주인 것과 비교해보면 상당히 짧은 기간 안에 모
든 과정이 완료되는 것이다.

임신과 관련하여 특이한 점 중의 하나는 개의 경우 배란
후 수정이 되지 않아도 임신 유지 호르몬 검사에서 임신과
비슷한 결과가 나오는데, 이를 상상임신이라고 한다. 일반
적인 포유류의 경우 수정이 되지 않으면 난소에서 분비되
는 황체호르몬이 분비되지 않는다. 하지만 개에서는 수정
이 되지 않아도 황체호르몬이 지속적으로 분비된다. 그 호

르몬의 영향으로 유선이 발달하고, 초유가 나오는 등 임신 증상이 나타나는 것이다. 하지만 이 증상이 심하게 보이는 개체부터 아무런 증상이 없는 개체까지 증상의 차이가 심하다. 이런 상상임신은 질병이 아닌 자연스러운 현상으로 생각하면 된다. 그래서 대부분 자연적으로 회복되기 때문에 신경 쓰지 않아도 되지만, 심할 경우 병원에서 약을 처방받는 것이 좋다. 이런 상상임신은 사람의 경우 정신과적으로 해석되지만, 개에게는 생리학적인 현상으로 보면 된다. 이런 생리학적인 특징 때문에 개에서는 유독 유방암의 발병이 다른 어떤 동물보다 높게 발생되는 것으로 알려져 있다.

개 또한 노화를 겪는다. 흰 털이 나거나 털의 윤기가 떨어지고 피부질환이 생기는 등 외모에 변화가 생긴다. 이 중 피부질환은 노화가 아니더라도 사람이 사용하는 샴푸나 비누를 쓸 경우에도 발생할 수 있다. pH 5.5 정도의 약산성을 띠는 사람의 피부와 달리, 개는 pH 6.2~6.8의 중성에 가까운 피부이므로 전용 제품을 사용하는 것이 좋다.

특이한 점은 개의 경우 노화로 몸에 여러 변화가 나타나더라도 폐경을 겪지 않는다는 것이다. 사람의 경우 50세

전후 폐경기를 맞이한 뒤에는 더 이상 임신을 할 수 없지만, 개는 그렇지 않다. 나이가 들어도 얼마든지 임신이 가능하다. 물론 노령의 임신은 난산이나 유전적인 질환이 발생할 가능성이 증가하므로 권하지 않으며, 또한 노령의 경우 배란되는 난자의 경우가 매우 제한적이기 때문에 태어나는 확률이 매우 낮다.

개의 생리주기는 보통 6개월, 8개월, 9개월, 10개월, 12개월 등 각각 다르다. 그러므로 처음 입양했을 당시부터 보호자는 반드시 그 주기를 꼼꼼히 기록해야 한다. 사람도 생리불순이 반복될 경우 난소나 자궁 혹은 호르몬 문제를 의심해봐야 하는 것처럼 개도 다르지 않다. 보통의 생리주기를 한 번 이상 뛰어넘는다면 몸에 이상이 있다는 신호이므로 반드시 병원을 찾아야 한다.

이런 이유로 관련 질병을 예방하고자 1년이 채 되기 전에 중성화 수술을 하는 경우가 많다. 여전히 많은 동물 병원에서 강아지를 입양하면, 성 성숙이 되는 1년 전에 중성화 수술을 권하고 있다. 최근 이렇게 중성화 수술을 하는 것이 반려견에게 바람직한지 생각하게 되었다. 이와 관련하여 병력을 모아서 분석해보니 중성화 수술의 시기는 각각의 개체의 특성에 따라 달라야 한다는 결론에 도달하였다. 실제로 35종의 개를 대상으로 중성화 수술 이후를 추적한 연구에서 특정 품종의 경우 너무 이른 나이에 중성화를 하는 것이 오히려 질병 발생 가능성을 키우는 것으로 드러났다.[21] 2021년 미국수의학협회에서는 중성화 수술을 추천하는 것보다는 상황에 따라서 달라질 수 있다고 이야기했다. 중성화 수술 자체는 질병으로부터 완벽한 차단을 의미하지 않는다. 1~2년 주기로 정기적으로 검진하는 것만이 미연에 질병을 예방하고, 작은 질병을 큰 질병으로 키우지 않는 유일한 방법이다.

고양이, 모르면 사랑할 수 없다

고양이 또한 개와 비슷하게 임신 기간이 두 달 정도이며, 개처럼 배란이나 수정 없이 호르몬만으로 임신 증상을 보이는 상상임신이 가능하다. 앞서 개의 경우 임신 기간을 배란과 수정으로 나누어서 며칠 정도 차이가 난다는 점을 설명했는데, 고양이에서도 특이한 점이 있다. 바로 교미 배란이다. 많은 포유동물의 암컷은 그 주기에 맞추어 생리적으로 자연스럽게 배란되지만, 고양이의 경우는 교미가 이루어져야 배란이 되어 임신이 될 수 있다. 또한 하루 차이를 두고 두 마리의 수컷과 교미가 이루어지면, 서로 다른 아빠를 가진 새끼 고양이가 태어나기도 한다. 이런 현상을 과임신Superfecundation이라고 한다. 고양이에서도 개처럼 상상임신이 일어나며, 개와 조금 차이가 있다면 상대적으로 나타나는 증상이 매우 미약해 병원에 가는 일은 거의 없다. 암컷 고양이는 중성화 수술을 하지 않으면 발정 기간에 스트레스를 받기 때문에 상대적으로 개보다 더 강하게 수술을 권고한다.

고양이는 주로 봄에만 임신이 가능하다고 알려져 있다. 그 이유는 고양잇과 동물은 빛에 의존하여 임신과 관련된 호르몬이 분비되기 때문이다. 빛의 양에 따라서 뇌에서 성선자극호르몬이 활발하게 나오게 되면, 혈액을 타고 난소에 전달되고, 난소 활동이 증가하여 배란이 되는 생리학적 현상이다. 따라서 우리나라와 같이 북반구에 살고 있는 고양이는 보통 2월부터 임신이 가능하며, 가을이 되면 번식이 되지 않는다. 반대로 남반구의 고양이는 7월부터 임신이 가능하다고 생각하면 된다. 2월부터 번식하고 4월에서 5월 사이에 새끼들이 태어나기 때문에, 날씨 좋은 봄날 길에서 새끼 고양이들이 더 자주 보이는 것은 우연이 아니다. 말 또한 마찬가지로 봄에만 임신할 수 있으며, 사슴과 염소는 반대로 가을과 초겨울에만 임신이 가능하다.

어미 고양이와 달리 새끼 고양이의 털 색깔이 확연히 다른 경우도 있다. 대표적인 예가 세계 최초의 복제 고양이에서 관찰된다. 복제가 되어서 태어난 고양이의 털 색깔이 본래 고양의 색깔과 달랐던 것이다. 처음에는 다들 이상하다고 생각했지만, 유전자 검사를 해보니 복제가 맞았다. 이렇게 색깔의 차이가 나타나는 이유는 고양이에서 색을 결정하는 유전자 위치가 X 염색체 위에 있기 때문이라고 알려져 있다. 특히 X 염색체에는 갈색을 결정하는 우성 및 열성 유전자가 동시에 존재하는데, XX가 만나서 우성+우성이면 갈색이 나온다. 그런데 우성+열성이 되면 흰색에 주황색, 검은색이 합쳐진 삼색 고양이라 부르는 고양이가 태어나게 된다. 삼색 고양이는 두 개의 XX에 열성과 우성이 만나서 태어나기 때문에, 이런 색은 암컷에서만 나타날 수 있다. 하나의 X 염색체를 가지고 있는 수컷에서는 이런 세 가지 색을 가진 개체가 태어날 수 없는 것으로 알려져 있다. 아주 드물게 수컷에서도 이런 세 가지 색을 가진 고양이가 나오기도 하는데, 이들은 대부분 XXY 염색체를 가지고 있고, 불임일 가능성이 매우 높다.

한편 고양이의 경우 그루밍을 해서 스스로 털을 관리하기 때문에 심각하게 오물이 묻는 경우를 제외하고는 목욕을 시켜주지 않아도 된다. 특히 고양이가 대소변을 볼 때 사용하는 모래는 자주 깨끗하게 유지하는 것이 좋다. 모래가 지저분하면 고양이들은 대소변을 참는 경우가 많은데, 이렇게 습관적으로 소변을 참게 되면 방광에 염증이 생길 수 있기 때문이다.

고양이는 특이한 질병이 있는데 사람의 HIV와 유사한 후천적 면역 결핍증이다. 이 바이러스는 사람에게는 전염되지 않지만, 고양이에게 감염되면 면역세포를 파괴하는 것으로 알려져 있다. 전염성이 높을 뿐만 아니라 면역세포의 파괴로 인해 2차적으로 다른 병원체에 감염될 확률이 높아져서, 여러 복합적인 질병에 감염되어 죽을 수 있는 치명적인 질병이다. 이 질병에 감염되지 않기 위해서는 다른 고양이와 접촉을 피하거나, 현재 백신이 개발되어 있으니 백신을 접종해 예방하는 방법이 있다.

고양이도 개와 마찬가지로 유전병이 있는데, 특이한 유

전병 중의 하나는 심근비대증이다. 고양이 심근비대증은 사람의 심근비대증과 매우 유사한 것으로 알려져 있다. 몇몇 품종에서 이 유전병이 자주 발생되는 것으로 알려져 있으며, 알려진 유전자로는 MYPBC3가 있다. 애묘가들은 이미 관련 질병에 대해서 잘 알고 있어서, 고양이를 입양하기 전에 이 질병이 있는지 없는지 미리 확인을 한다. 국내에서도 이제 개와 고양이의 유전병을 검사해주는 기관들이 생겨서 미리 검사하면 관련 질병을 예방할 수 있다.

사회 구성원이 된
반려동물

국가를 지키는 반려동물

'방역은 제2의 국방'이라는 말이 있다. 코로나19 감염이 시작되었고, 팬데믹으로 되어가는 과정에서 각 국가에서 초기에 내걸었던 정책은 코로나19 감염 국가로부터의 입국을 통제하는 것이었다. 공항에서 철저하게 방역 정책을 펼쳐서 해외에서 들어오는 전염성 질병을 막고, 자국을 보호하는 정책이다. 실제 전쟁을 위한 국방은 아니지만, 방역에 실패하면 국가가 위험 상태에 빠질 수 있기 때문에 제2의 국방이라고 그 중요성을 표현하고 있다고 생각한다.

우리는 해외를 나갈 때 비행기를 타거나 배를 이용하는데, 출발할 때는 출국심사, 도착할 때는 입국심사를 한다.

이 두 심사에서는 물어보는 것이 다르다. 먼저 출국심사에서는 인화성 물질 등 운송수단 내 위험물 소지를 방지하기 위한 심사를 한다. 하지만 도착한 곳에서는 자국에 들어오는 것에 대한 입국심사를 하는데, 이때 확인하는 것은 축산물과 같은 동식물과 마약류 휴대이다. 우리가 외국에 도착해도, 나중에 다시 한국에 도착해도 이 심사를 거친다.

그 이유는 각 나라들이 해외에서 발생하고 있는 동식물 질병이 자국 내에 유입되는 것을 막기 위해서다. 수의사를 포함한 축산업 관계자들은 요즘 더욱 공항 및 항만에서 철저한 소독을 받고 있다. 현재 전 세계적으로 발생되고 있는 아프리카돼지열병, 조류독감, 구제역 등 각종 전염성 질병에 대한 국내 유입되면 축산업에 큰 손실을 입히기 때문이다. 또한 국내의 관련 종사자들이 해외로 나갈 때, 해외에서는 국내의 축산 관련 종사자들의 입국을 꺼린다. 서로가 자국의 축산업을 보호하기 위해 노력하는 것이다.

몰래 들어온 불법 축산물이 수하물에서 섞여 있는 것을 찾기 위해 탐지견들이 활동하고 있다. 이들 탐지견들은 핸들러와 함께 수하물이 들어오면 바쁘게 움직인다. 하나하나 수화물의 냄새를 맡으며, 탐지 대상 물건을 찾는 데 집중한다. 탐지견은 축산물과 함께 마약과 같은 향정신성 물질도 찾는다.

탐지견들이 현장에서 냄새를 감지해 위험한 물질이 들어오는 막기 위해서는 고도의 훈련이 필요하다. 특히 이들 옆에는 항상 같이 훈련을 도와주는 사람이 있는데, 이들을 핸들러라고 부른다. 핸들러는 탐지견의 건강을 책임지며, 여러 훈련을 같이하면서 정확한 탐지를 할 수 있도록 도와준다.

최근에는 탐지견들이 공항에서 코로나19에 걸린 사람을 확인할 수 있다는 뉴스가 나와서 화제가 되었다. 제일 먼저 이 시도를 한 곳은 핀란드 헬싱키 공항이다. 사람들은 '설마 개가 코로나19에 걸린 사람의 냄새를 구별해 맡는 것이 가능해?' 하는 반응이었지만, 실전에 배치가 되었다고 하니 놀라운 일이다. 이렇게 발 빠르게 탐지견을 실전에 배치하게 된 근거는, 탐지견들을 대상으로 코로나19에 걸린 사람들의 채취가 묻은 옷 및 땀 등을 이용하여 테스트를 진행해 성공했기 때문이다. 이런 테스트가 가능했던 것은 아마도 오랫동안 탐지견과 동고동락을 했던 핸들러가 있었기에 가능했던 것으로 생각한다.

이외에도 탐지견은 재난 현장에서 사람을 구조하는 데 활약을 하기도 한다. 최근 튀르키예에서 발생한 엄청난 지진 현장에서 매몰된 사람을 찾기 위해서 탐지견이 활약하는 모습을 TV에서 봤다. 그 이전에는 뉴욕 911테러로 인해 매몰되어 있던 사람을 구조하는 일에도 탐지견이 활약했었다. 그 당시 놀라울 정도의 탐지 능력을 보여주며 영웅견으로 활약했던 '트래커'도 많은 사람들에게 감동을 주었다.

건강을 탐지하는 반려견들

탐지견들이 공항에서 또 재난 현장에서 활약하는 것은 뛰어난 후각 능력 덕분이다. 사람도 후각이 발달한 동물이지만, 우리 주변에서 가장 뛰어난 후각 능력을 가진 동물은 개라고 할 수 있다. 예로부터 개의 뛰어난 후각 능력을 빗대어 냄새에 민감한 사람들을 지칭하여 개코라는 말을 쓰는 이유도 일맥상통한다고 보면 된다.

실제 개의 후각 관련 신경세포는 약 2억 개 정도로 알려져 있으며, 이는 사람보다 50배 많다고 알려져 있다. 많은 수의 후각세포를 가진 개는 다양한 냄새를 맡는 능력이 발달해서, 사람이나 다른 동물을 만났을 때 상대방을 파악하기 위해 냄새를 먼저 맡는다. 냄새를 감지하는 특유의 능력은 앞서 이야기한 것처럼 코로나19 진단에 활용되기도 했지만, 이것으로 암을 진단하는 것도 가능하다. 물론 모든 암을 진단할 수 있는 것은 아니다. 특정 암에 걸리면 암세포에서 특유의 냄새가 나는 경우가 있다. 이런 냄새를 기억하는 개들이 주인이 암에 걸리면, 옆에서 알려줄 수 있다고 한다. 이렇게 질병에 걸린 사람을 감별할 수 있는 능력을 가진 개들을 의료감지견Medical detection dogs이라고 하며, 영국에서 이렇게 활동하는 개들에 대한 정보를 홈페이지를 통해서 공유하고 있다.[22]

홈페이지에 들어가서 보면 놀라운 후각 탐지 능력에 대해 정보를 접할 수 있다. 암 중에서는 휘발성 유기 화합물vocs를 방출하는 특정 한 암들이 있는데, 개들이 이 휘발성 유기 화합물 냄새를 기억해 같은 냄새를 가진 사람들을 확인해주는 것이다. 또 다른 탐지 가능한 질병은 의외로 신경질환이다. 현재 훈련받은 개들이 파킨슨 질병을 감별하는 것에 대해 맨체스터대학교와 에든버러대학교가 공동으로 연구하고 있다. 질병뿐만 아니라 질병을 유발하는 병원균을 감별하는 방법 또한 연구 중에 있다. 이 연구는 런던 임페리얼대학에서 진행되고 있으며 특정 세균의 냄새를 훈련시키는 연구를 진행 중이다.

활발히 진행되는 분야 중 하나는 빌멀린다 게이츠 재단에서 후원받는 말라리아 감별 연구이다. 여러 공동연구자들이 협력하며 네 군데의 독립된 위치에서, 400명의 어린이가 24시간 동안 착용한 양말을 수집했다. 이들은 모두 무증상 어린이들로, 혈액검사와 유전자 검사를 거쳐 말라리아 감염 여부를 확인한다. 그리고 훈련된 개들이 연구소에서 말라리아에 걸린 어린이의 양말과 걸리지 않은 어린이의 양말을 구별하는 테스트를 받는다. 첫 번째로 시도한 이중 블라인드 테스트 결과, 평균 73퍼센트의 정확도를 보여주었다고 하니, 정말 놀라운 결과다. 사람들이 양말에서 맡을 수 있는 것은 불편한 냄새가 전부인데!

인간이 못 가는 곳까지 탐색하는 탐지 동물

개는 사람보다 높은 후각 능력을 이용해 마약 탐지, 질병 감별 등 다양한 활약으로 사람들의 삶에 기여하고 있다. 개들이 후각 능력이 높다는 사실은 어릴 때부터 교육받기도 하기 때문에, 대부분의 사람들은 반려견의 뛰어난 후각 능력에 대해 잘 알고 있다. 사람보다 뛰어난 후각 능력을 가진 동물은 많은데, 이 중에서 후각을 이용한 탐지 능력으로 인간의 삶을 이롭게 하는 동물이 또 있을까?

송이버섯은 우리나라 사람에게 향이 좋고, 건강에 이로운 효능을 가진 버섯으로 알려져 있어 고가에 판매되고 있다. 내 어머니도 가끔 산에서 송이버섯 냄새가 난다 하면서, 근처에 송이버섯을 찾으실 때가 있었다. 이처럼 버섯들은 특이한 냄새가 있다. 외국에서 송이버섯처럼 유명한 것이 있는데, 바로 향로버섯(트러플)이다. 향로버섯은 독특한 향을 내는 향신 재료로 쓰이며 아주 고가에 판매된다. 그런데 특이하게도 향로버섯은 땅속에서 자라기 때문에, 사람이 그 향을 감지해 찾기는 거의 불가능했을 것이다.

향로버섯은 주로 냄새에 훈련된 개들에 의해서 발견된다고 한다. 하지만 처음엔 개가 아닌 다른 동물과 향로버섯을 찾으러 다녔다고 하는데, 과연 어떤 동물이었을까? 바로 돼지다. 돼지는 개와 마찬가지로 후각 능력이 상당히 높은 것으로 알려져 있다. 과거에는 돼지를 지금처럼 가두어 키우기보다는 울타리 안에서 자유롭게 활동하면서 사람들이 주는 음식도 먹었고, 땅에 있는 풀 등의 냄새를 확인하고 찾아 먹었다. 이런 돼지들을 관찰하다 보니, 돼지들이 어느 부분의 땅만 열심히 파서 무엇을 먹는 것을 알게 되었는데, 이것이 향로버섯이었다고 한다. 특히 향로버섯의 향이 약간 최음제와 비슷하여, 임신기에 있는 암컷 돼지들이 더 잘 찾았고, 찾는 즉시 먹어치웠다고 한다. 초기에는 향로버섯을 찾기 위해 돼지와 함께 산을 올랐는데, 향로버섯을 발견한 돼지가 먹어 치우거나, 몸집이 크고 시끄러운 돼지를 데리고 다니는 것이 눈에 잘 띄어 향로버섯을 가로채이는 문제가 있었다. 그래서 돼지 대신에 후각 능력이 뛰어나고 훈련이 용이한 개를 데리고 다니기 시작했다고 한다.

대부분의 동물들은 냄새에 특히 민감해서, 냄새에 대한 훈련을 잘 시키면 앞서 이야기한 것처럼 사람에게 도움이 될 수 있다. 하지만 안타깝게도 역시 대부분이 동물들이 사람의 훈련을 거부하기 때문에, 쉽게 사람들에게 도움이 되는 일은 할 수가 없었다. 그런데 우리가 생각지도 못한 동물이 활약하는 경우가 있다. 바로 다람쥐인데, 어떤 다람쥐들은 훈련을 받아 마약을 탐지하는 일을 한다. 다람쥐는 빠르고 작기 때문에 개들이 접근할 수 없는 공간까지 침투해서 숨겨진 마약을 찾을 수 있는 장점이 있다. 단점이라면,

개들은 역사적으로 사람에 의해 훈련되고 교감하도록 진화된 것에 비해, 다람쥐들은 아직 사람의 훈련을 따르는 것에 미숙하다는 점이다.

가끔 매체를 통해 의외의 동물이 사람과 교감해 여러 활동을 하는 것을 볼 수 있다. 주의를 당부하자면, 아무 동물이나 훈련시킬 수 있는 것이 아니기에 무조건 따라 하는 것은 위험하다. 하지만 동물들의 뛰어난 후각 능력은 앞으로 더 많은 방식으로 응용될 수 있을 것이다.

인간과 동물의 건강은
연결된다

일상을 넘어 질병까지 함께하다

2005년 12월, 《네이처》에는 개의 유전정보 분석에 성공했다는 연구가 발표된다.[23] 이는 분자생물학자 왓슨과 크릭이 DNA의 구조를 밝힌 후 50여 년의 시간이 흐른 후였다. 개는 사람과 같은 공간을 공유하며 생활하고, 그만큼 같은 질병이 많고 그 치료법도 유사해, 꾸준히 유전자분석의 필요성이 있었다. 하지만 개의 염색체 수는 78개로, 사람의 46개보다 훨씬 많아서 유전자 분석이 복잡하고 오래 걸릴 것으로 예상되었던 것이 기대보다 빠른 속도로 성공한 것이다. 2003년에 10년에 걸쳐 진행된 인간의 유전자 분석이 완성된지 불과 2년이 지난 후였다.

개는 애완동물에서 반려동물로 그 의미가 전환되는 만큼, 인간의 삶에 버팀목이 되는 존재로 자리매김했다. 이렇게 반려동물의 존재에 의미를 부여하는 양상을 활용한 치료법이 바로 동물매개치료법animal assisted therapy, AAT이다. 동물매개치료법은 개가 가족이자 친구 이상의 의미를 가진 존재가 될 수 있다는 것을 보여주는 좋은 예다. 실제로 해외 여러 국가에서 이 프로그램을 활용하고 있는데, 환자는 치료 받는 동안 반려동물과 함께하는 것만으로도 안정감을 얻고 고통을 덜 수 있기 때문이다.

요즘 어린이 치과에서는 치료를 무서워하는 아이들을 위해 애니메이션을 틀어주는 방법을 사용하기도 하는데, 동물매개치료법에서는 반려동물이 그와 같은 역할을 하는 것이다. 물론 개털 알레르기가 있거나 민감한 사람에게는 좋지 않은 방법이지만, 단순히 공포를 잊게 하는 것이 아닌 정서적으로 보다 나은 안정감을 준다는 점에서만큼은 분명 훌륭하다고 볼 수 있다.

최근 우리나라에도 동물매개치료법을 활용하는 센터들이 생기고 있으며 여러 단체들이 활동을 하기 시작했다. 서울대 수의과대학 학생들은 아이들을 대상으로 하는 동물

교실을 열었다. 동물 교실은 수업에 참여한 아이들이 동물들을 직접 만져보고 체험하면서 심리적인 안정감을 얻도록 도왔다. 한 아이는 부모님과 친구들과의 관계에서 어려움을 겪고 있었는데, 동물과 함께 활동하며 자존감이 높아졌다. 이를 통해 대인관계 또한 개선되는 효과를 거두기도 했다.

이러한 정서적 교감 외에도 반려동물이 사람에게 제공하는 것이 있는데, 바로 건강 정보다. 온라인 데이터베이스 OMIA^online mendelian inheritance in animals에서는 개, 고양이, 소, 돼지 등 실험동물이 아닌 일반 동물에서 발생되는 여러 동물의 유전적 장애에 대한 정보를 제공한다. 이 정보는 다소 어려울 수 있지만, 수의학자에게는 상당히 중요한 의미를 담고 있다.

특정 질병을 연구하는 동물실험에서는 그 실험동물에게 특정 질병을 유도하는데, 이렇게 인위적으로 유도해서 발생한 질병은 자연적으로 발생된 질병과 차이가 있을 수 있다. 따라서 자연적으로 동물에게 발생되는 질병 정보를 알면, 더욱 정교하고 오차가 작은 실험을 설계할 수 있는 것이다. 이 데이터베이스에 따르면 개와 고양이가 앓는 질

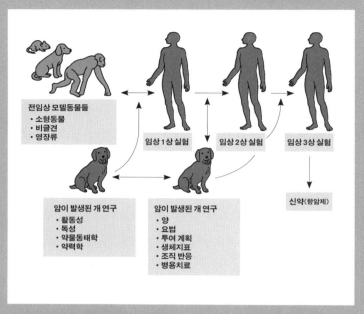

전임상 모델동물들
• 소형동물
• 비글견
• 영장류

임상1상 실험

임상2상 실험

임상3상 실험

신약(항암제)

암이 발생된 개 연구
• 활동성
• 독성
• 약물동태학
• 약력학

암이 발생된 개 연구
• 양
• 요법
• 투여 계획
• 생체지표
• 조직 반응
• 병용치료

개와 사람의 건강 모두를 지키는 임상실험

병 중에서 사람과 똑같은 것들은 지금까지 알려진 것만 약 800종에 이른다. 이는 사람에게서 발생하는 많은 질병들이 개나 고양이에게서도 발병되고 있다는 것이다. 질병의 발생 기전과 경과, 증상을 연구하는 데 도움이 될 뿐만 아니라, 치료법도 유사할 것으로 예상된다.

앞서 소개한 인슐린의 발견이나 시험관 시술의 유래는 동물실험에서 시작했다. 인간이 늘 동물을 이용해 이득을 취하는 모양새이지만, 반대로 동물에게 받은 것을 돌려주는 길도 있다. 사람과 같은 질병을 공유하는 동물에게 사람의 치료법을 적용하는 것이다.

미국에서는 좀 더 적극적으로 개와 사람의 질병 공유에 대해 배우고 고민한다. 실제로 다양한 치료법 개발을 진행하고 있는데, 그중 하나는 신약 개발 시 사람을 대상으로 세 번의 임상실험을 진행할 때 동물도 함께 치료하는 것이다.[24] 자연 발생되는 질병이 개와 사람 모두에게 똑같이 있다면 개 또한 같은 약으로 치료할 수 있을 것이고, 개는 사람보다 수명이 짧기 때문에 혹시라도 나올 수 있는 부작용을 미리 확인할 수 있기도 하다.

이를 근거로 사람에게는 조금 더 안전한 신약을 개발할

수 있으며, 우리의 가족 반려동물에게도 새로운 치료법을 제시할 수 있다.

완치의 희망을 증명하다

앞서 췌장이 없는 검은색 쥐에서 흰색 쥐 유래의 췌장이 만들어지는 키메라 연구에 대한 내용을 이야기했다. 같은 원리로 돼지의 췌장이 발생되지 않게 하고, 그 돼지 배아에 원숭이의 배아줄기세포를 삽입해 돼지에서 원숭이의 췌장이 생성될 수 있는 연구도 가능하다는 것을 이야기했다. 이처럼 배아줄기세포에 관한 연구는 더욱 심화되었고, 이제는 배아줄기세포를 포함한 다양한 줄기세포 치료제들이 다수 개발되고 있다.

반려동물 줄기세포 치료제를 제공하는 '벳스템솔루션' 은 웹사이트에 개와 고양이를 대상으로 한 줄기세포 치료 성공 사례들을 제공하고 있는데[25], 새로운 치료 사례들이 계속 추가되고 있다는 점에서 더욱 긍정적이다. 앞으로 전 세계적으로 다양한 치료 사례들이 계속 공유되면 수의학적인 발전과 더불어, 반려동물의 치료법 개발이 한걸음 앞으로 더욱 나갈 것이다.

반려동물의 치료에서 무엇보다 빼놓을 수 없는 연구는 선천적으로 타고난 유전병의 경우다. 그중 망막색소변성증RP은 개그맨 이동우 씨에 의해 많이 알려진 유전병으로, 망막의 광수용 세포의 변성으로 점차 시력을 잃게 되는 질병이다. 아직 이 유전병의 정확한 원인은 밝혀지지 않았지만, 현재까지의 연구에 따르면 유전자 이상에 따른 것으로 알려져 있다.

이 질병의 특징은 정상적인 시력을 가지고 태어나 오랜 시간이 지나고서 발병된다는 것인데, 죽음에 이르는 치사의 질병은 아니지만 정상적인 시력을 한순간에 잃는 상실감이 클 수 있다. 이동우 씨도 한 인터뷰에서 아이가 태어나기 전 시력이 사라져 아이의 얼굴을 보지 못한 것이 마음 아프다는 이야기를 전하기도 했다. 가수 소녀시대의 멤버 중의 한 명인 수영은 같은 질병을 앓고 있는 아버지를 위해 자선 콘서트를 여는 등 질병에 대한 관심과 연구를 촉구하는 활동을 하기도 했다.

다행히도 연구를 통해 사람의 망막색소변성증과 유사한 유전병이 개에게도 존재한다는 것이 밝혀져 이후 치료의 큰 전환점이 마련되었다.[26] 이와 관련해 어린아이에게 실명을 일으키는 유전병인 레베르 선천성 흑암시LCA에 대한 연구가 이루어졌는데, 이때 LCA와 같은 유전자 돌연변이를 가지고 비슷한 실명 증상을 보이는 개에게 유전자치료를 적용하여 시각적 기능을 회복한 결과가 나왔다.[27] 이 유전자치료를 사람의 유전병에 적용하기 위해 수많은 후속 연구와 임상실험을 거쳐서 2017년 망막색소변성증 유전자치료제가 미국 FDA의 승인을 받는 데 성공한다. 비록 특정 유전자변이로 발생한 망막색소변성증에만 효과가 있는 유전자 치료제이지만, 불치병과 같이 여겨졌던 유전병의 성역을 한발 넘어선 것이다.

하지만 안타깝게도 이 유전자치료는 치료비 부담이 매우 크다. 안구 하나에 5억 원에 육박한다. 이에 영국에서는 2020년 국가보건서비스NHS를 통해 망막색소변성증으로 고통받는 환자에게 치료를 제공해주는 등 국가에서 지원을 하기로 했다고 발표했다.[28] 국내에서도 관련한 치료가 시작되었다고 한다. 많은 사람들에게 기적 같은 순간이 찾아오기를 바란다.

앞에서 반려견의 품종을 고민할 때 고려해야 할 유전병으로, 킹찰스스패니얼에서 뒤시엔느 근육영양장애DMD가

자주 발생한다고 언급했었다. 뒤시엔느 근육영양장애는 사람과 개에서 질병이 발병하는 기전이 같고, 증상도 비슷하다. 선천적 유전자변이로 디스트로핀이 결핍되어, 근육이 퇴행하고 조기사망을 유발한다.

2017년에는 선천적으로 이 질병을 앓는 개에서 디스트로핀을 다시 생성시키는 바이러스 치료법이 발표되었고, 바로 그다음 해인 2018년에는 유전자 편집 기술을 통해 디스트로핀을 다시 생성시키는 치료법이 발표되었다. 이후 비욘디스53, 빌텝소 등 다양한 치료제가 개발되어 미국 FDA의 승인을 받았으며, 관련 연구들이 현재도 계속되고 있다.[29]

개에서 구리 대사이상으로 다량의 구리가 간에 축적되는 유전병인 윌슨병도 소개했었다. 이 질병은 베들링턴테이어 종에서 발생하는 유전병으로, 유전자 검사를 통해 질병 가능성을 미리 알 수 있다. 최근의 놀라운 소식은 구리 중독증에 걸린 베들링턴테리어의 간에서 분리한 간조직으로 줄기세포를 배양한 실험에 관한 것이다. 유전병이 있는 개체의 간조직에서 배양된 줄기세포를 유전자치료를 거쳐 다시 자가이식을 했는데, 치료 효과가 있다는 연구 결과가

발표되었기 때문이다.[30]

다른 동물들과 달리 개와 고양이에는 사람처럼 암이 자연적으로 발생하는 경우가 잦다. 대부분의 암 연구는 암이 자연적으로 발생하지 않는 동물에게 인위적으로 암을 유발시킨 후, 항암제 연구를 한다. 이런 인위적인 방식의 연구보다는 사람과 비슷한 환경을 공유하고 암이 자연적으로 발생하는 개와 고양이에서 치료제를 연구하는 것이 더욱 효과적일 것으로 예상하고 있다. 이런 이유로 최근 항암제 중에서 주목받고 있는 차세대 암치료제 CAR-T[chimeric antigen receptor-T cells]를 개에게 적용하는 연구도 진행되고 있다.[31]

최근 서울대학교 동물 병원에 내원한 한 반려인이 신경마비로 움직이지 못하는 반려견을 데려와 치료법이 없는지 물었다. 이 질병은 사람의 루게릭병과 유사한데, 개에서는 DM[Degenerative myeolopathy]이라는 질병으로 진단이 되었다. DM은 나이가 들고 나서 발병해, 신경이 마비되면서 몸을 움직이지 못해 결국 죽음에 이르는 안타까운 질병이다. 어릴 때는 여느 강아지들처럼 건강하게 지내며 삶을 함께 해왔을 테니 반려인의 갑작스럽고 황망한 마음이 이해된다.

이 질병도 앞서 소개한 다양한 유전병들과 마찬가지로 곧 치료법이 발견될 것으로 생각되며, 이를 통해 유사한 질병인 루게릭병의 치료법도 머잖아 개발될 것이라고 기대할 수 있다. 동물과 사람이 공존하며, 그 질병과 치료법까지도 공유해 나아가고 있다.

반려동물 치료에 담긴 인류애적 가치

과거 광부들은 깊은 탄광에 들어갈 때 카나리아를 새장 속에 넣어 데리고 들어갔다고 한다. 메탄가스나 일산화탄소에 민감하게 반응하는 카나리아를 통해 위험을 빨리 인지하고 탄광 속에서 대피하기 위해서였다. 카나리아 외에도 많은 동물들은 그들만의 예민한 감각으로 지진이나 화산 등 자연의 위기를 빨리 알아채고 이를 사람들에게 전해준다. 더 나아가 오늘날 반려동물은 자연재해뿐만 아니라 사람에 의한 재난의 징후까지 온몸으로 보여준다.

대표적인 사례가 가습기 살균제다. 사실 가습기 살균제의 피해자는 사람뿐만이 아니었다. 보호자와 함께 생활했던 많은 반려동물 또한 이유도 모른 채 목숨을 잃었다. 보호자는 집에 있을 반려동물을 위해 외출한 사이에도 가습기를 틀어놓았을지 모른다. 그 행동이 오히려 반려동물을 죽이게 될 줄도 모르고 말이다. 그렇게 가습기 살균제로 수십 마리의 개와 고양이가 목숨을 잃었다.

당시 폐렴에 걸린 개나 고양이가 많아졌다던 동료 수의사의 의문은 한참의 시간이 흘러서야 풀렸고, 동시에 씁쓸함을 던져줬다. 만약에 그때 이런 환경적 변화를 알아챌 수 있는 사회적 시스템이 마련되어 있었다면 반려동물은 그리 허망하게 죽지 않았을 것이다. 그리고 어쩌면 자신의 목숨으로 사람의 목숨을 지킨 감시자의 역할을 한 것인지도 모른다. 최근 한국수의임상포럼에서는 가습기 살균제로 피해를 입은 반려동물의 피해 사례를 조사하고, 수의사와 의사가 협력하는 시스템을 갖추어야 한다는 의견을 피력했다. 해외에서는 이미 반려동물의 질병을 공유하는 시스템을 마련해나가고 있다. 영국 왕립수의대학이 운영하는 웹사이트 '벳 컴패스'도 그중 하나다. 이곳에 보고된 사례 중에는 단순 질병의 경우도 있을 테지만, 많은 자료가 쌓이는 만큼 여러 질병의 양상을 분석하고 이를 통해 환경적인 문제를 예측하는 정확도는 커질 것이다.

이런 사례를 보면 반려동물의 치료는 하나의 개체를 치

료하는 것에서 끝나지 않는다. 지금까지 그랬듯 결국 사람을 향할 것이다. 그런 의미에서 가전제품에 대해서 안전성 평가를 할 때 반려동물의 건강에 어떠한 영향을 미치는지에 대한 연구도 같이 이루어지면 좋을 것이다. 가습기 살균제 때의 악몽을 다시 반복하지 않기 위해서는 작은 신호도 사소하게 넘겨서는 안 된다. 지금 옆에 있는 반려동물에게 관심을 기울이는 것이 곧 우리의 건강에 관심을 기울이는 일이 된다.

반려동물은 사람과 가장 가까운 친구로서 삶을 공유한다. 삶을 공유한다는 의미는 질병을 발생시키는 환경을 공유하고 있다고 추측할 수 있다. 실제로 개의 질병 중 사람의 질병과 유사한 질병이 생각보다 많다. 그래서 수의학에서 사용하는 많은 치료법들이 사람의 치료법과 유사하다. 우리가 반려동물을 치료할 때는 반려동물의 건강을 지키는 의미와 동시에, 무지했던 질병에 대해 새롭게 알게 되는 기회를 가짐과 사람의 질병을 치료하는 연구 자료를 기록하는 것이 된다. 그 과정에서 발견되는 여러 환경적 요인을 분석하는 것은 미래의 재난을 막는 지표가 될 수 있다. 더 넓은 시야와 통찰력이 필요한 부분이다.

수의학 분야에서 AI 적용 및 연구 사례
가 있다면?

다양한 분야에서 AI를 적용하는 사례가 늘고 있
는 것처럼 수의학 분야에서도 관련 사례가 늘고 있
다. 인체 의료 분야에서도 방사선 영상 사진을 판
독해주는 AI가 개발된 것처럼, 수의학 분야에서
도 방사선 영상 사진을 AI가 판독해서 정상인지 비
정상인지 알려주고, 나아가 가능성이 있는 질병
에 대해서 알려준다.

국내에서 SK텔레콤이 만든 AI 기반 수의영상

진단 보조 서비스 '엑스칼리버'가 출시되어, 동물병원에서 서비스가 시작되었다. 엑스칼리버는 인공지능 기술을 이용해 그동안 대학병원에서 진료를 받으면서 기록되었던 엑스레이 사진을 훈련시켰다고 한다. 이 훈련된 인공지능은 엑스레이 사진을 제공하면, 사진상에 이상이 있는 부분을 알려준다.

예를 들어 엑스레이 사진에서 심장병이 있을 가능성을 측정하기 위해서 심장의 크기를 측정하는데, 현재는 영상 속 심장 사진을 보고 사람이 측정해 계산하지만, 인공지능은 사진을 찍자마자 바로 계산해서 알려줄 수 있다. 물론 100퍼센트 정확한 것은 아니다. 그래서 수의사들이 다시 한번 최종 점검을 하여 예상 진단을 내릴 수 있다. 이렇게 계속 반복한다면 엑스칼리버는 점점 똑똑해져서 바둑 AI 알파고처럼 사람보다 더 정확하게 진단해줄 가능성도 있다.

사람의 치료법에서 유래한 동물 치료법에는 무엇이 있는가?

요즘 많은 부분에서 미생물 치료제(마이크로바이옴)를 통한 사람의 질병 치료에 대해 비임상 및 임상을 진행하고 있다. 일부에서 유용한 미생물 치료제가 임상적으로 효과를 보이고 있다는 뉴스가 나오고 있다.

어린아이를 키우는 가정이라면 아이가 아파서 병원에서 항생제를 처방받을 때 병원에서 유산균과 같은 미생물 보조제를 같이 처방을 받아본 경험이 있을 것이다. 그 이유는 항생제가 몸을 아프게 하는 나쁜 병원균을 죽이기도 하지만, 정상적으로 몸에 필요한 미생물도 같이 죽이기 때문이다. 이런 경우 설사와 같은 증상이 발생해, 보조적으로 유산균과 같은 미생물 제제를 같이 제공한다.

유산균은 미생물 치료제 중 가장 잘 알려진 균으로, 많은 사람들이 복용하고 미생물에는 유산균 이외에도 유용한 균들이 있다. 소장이나 대장이 좋지 않은 사람들에게 건강한 사람의 미생물을 제공해주면 소화에 도움을 줄 수 있다는 연구를 들어본 적이 있을 것이다. 최근 이와 관련하여 연구들이 활발하게 이루어지고 있다. 같은 원리로 동물에서도 마이크로바이옴 치료법 개발이 활발하게 이어가고 있다. 특히 송아지 설사병은 큰 피해를 주고 있는데, 최근 국내 연구팀에서 발표된 연구 논문 결과에 따르면 건강한 송아지의 분변에서 미생물을 분리해 설사를 하는 송아지에 적용했더니 완치율이 높았다고 한다.[32]

앞에서 언급된 '트래커' 이야기처럼, 인간과 동물의 관계를 엿볼 수 있는 사례가 또 있는가?

뉴욕 911테러 현장에서 인명을 구조했던 탐지견 트래커만큼 유명한 개가 있다. 눈썰매를 끌던 개가 사람을 구했다면 어떤가? 바로 미국 뉴욕 센트

럴파크에 있는 눈썰매 개, '발토'의 이야기다. 발토의 이야기는 영화 〈토고〉로 제작되어 알려지기도 했다. 개인적으로 아주 감명 깊었던 내용이라 잠시 실화 내용을 바탕으로 한 영화 줄거리를 소개해본다.

1925년 1월, 아이들에게 치명적인 전염병인 디프테리아가 알래스카 작은 마을 놈Nome에 퍼지고 있었다. 당시에 이 질병을 치료하기 위해서는 혈장을 주사로 맞아야 했다. 최근 코로나19의 치료를 위해 혈장 치료제가 승인되어 사용된다는 뉴스를 본 적이 있을 것이다. 이와 같은 원리다.

이 디프테리아 혈장을 가장 빠르게 운반하기 위해서는 비행기를 이용해야 했으나 마침 그때 알래스카에 눈 폭풍이 오고 있어서 비행기가 이륙할 수 없었다. 한 가지 방법이 있었는데 바로 눈썰매로 옮기는 것이었다. 알래스카에서는 눈썰매가 아주 우수한 운반 수단이었기에, 가장 긴 구간을 주행한 토고와 마지막 구간을 달려 혈청을 마을에 전달한 발토를 비롯해 200여 마리의 썰매 개들이 팀을 이루어 영하 50도의 혹한 속에서 1,100킬로미터의 거리를 달려 수송했다고 한다.

이 지역에서는 이들의 헌신적인 혈청운반을 기념하는 개썰매 경주가 지금도 이어지고 있다. 혹한의 날씨에 며칠 동안을 전속력으로 달릴 수 있으며, 구간을 완주하는 동안 인간과 교감하며 지시를 따를 수 있는 동물은 개가 유일하다는 것을 보여준다.

4부_____

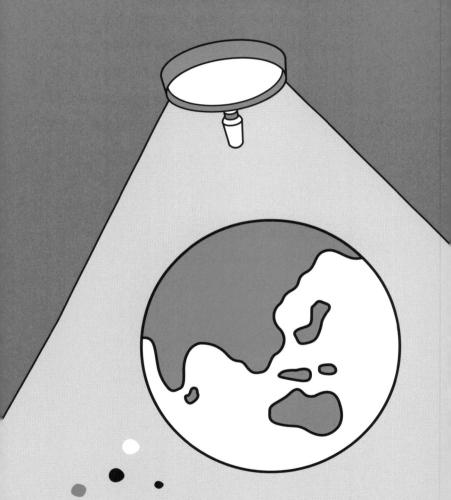

끊임없이 진화하는

생명 순환의 역사

동물과 인간은 지구라는 거대한 생명 안에서 서로 공존하고 있다. 삶을 나누는 반려동물, 의학의 발전을 위한 실험동물, 식량을 제공하는 산업동물, 생태계를 보전하는 야생동물 그리고 인간은 모두 하나의 건강으로 이어져 있는 공동체다. 지금까지의 이기적인 문명이 초래한 결과를 반성하고 서로를 보살필 때 함께 상생하는 미래를 맞이할 수 있다.

식량과 멸종 위기의
극복을 돕는 동물

산업동물은 인간에게 어떤 의미인가

반려동물은 사람과 삶을 함께하는 동물로, 심리적인 안정과 위안을 준다. 실험동물 또한 다양한 치료제 개발에 중추적인 역할을 함으로써 오늘날 의학 발전과 인류의 건강 증진에 크게 이바지하고 있다. 그렇다면 산업동물과 야생동물은 어떨까? 그들은 사람들에게 어떤 유익한 영향을 주었으며, 사람들은 동물을 위해 무엇을 할 수 있을까?

사람들에게 돼지, 소, 염소, 양, 사슴 등의 산업동물은 각각 다른 의미를 지닌다. 채식주의자가 아닌 대부분의 사람들에게 그들은 우리의 삶을 유지시켜주는 수단으로 식량의 의미를 지닌다. 녹용과 같은 건강보조식품을 섭취하는 사람들도 여기에 속한다. 하지만 그들 중 동물을 연구하는 학자가 있다면 그에게 산업동물은 아프리카돼지열병, 조류독감, 광우병 등의 다양한 질병을 연구하는 대상이 되기도 한다. 접시 위의 스테이크로 마주하느냐, 실험실의 연구 대상인 세포로 마주하냐에 따라 산업동물의 의미는 달라진다.

그중 소는 사람들에게 고기뿐만 아니라 우유도 제공하는 대표적인 산업동물이다. 국제연합식량농업기구에 따르

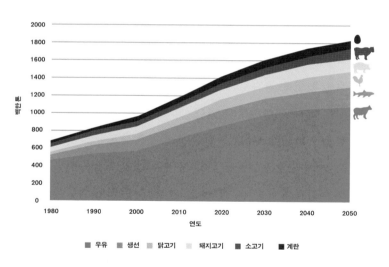

1980~2050년 인류가 얻는 단백질의 원천[33]

면, 2050년 인류를 위해 필요한 단백질의 양은 18억만 톤에 이른다.[34] 우유가 압도적으로 높은 비율을 차지하고, 생선, 닭, 돼지, 소, 달걀 순이다.

많은 학자들이 건강을 위해 우유 섭취를 권장할 정도로, 우유는 그 자체로도 많은 영양소를 갖고 있는 식품이다. 이에 따라 오늘날에는 더욱 좋은 환경에서 우유를 생산하기 위한 산업적인 노력도 더해지고 있다. 우유는 다양한 제품으로 가공되고 많은 음식에 함께 사용되는 만큼 단백질 영역의 많은 부분을 차지한다. 사람들 중에는 유당 불내증으로 우유를 섭취하지 못하는 경우도 있지만, 전반적인 인류의 역사에서 우유는 감자, 옥수수, 쌀과 더불어 핵심적인 위치를 유지해왔다고 할 수 있다.

오늘날 안전하게 우유를 마실 수 있게 된 것은 1962년 루이 파스퇴르의 살균법 덕분이다. 그전에는 생우유를 직접 마셨고, 질병에 걸리더라도 그것을 우유 속의 병원과 연관 짓기 어려웠다. 파스퇴르는 공기 중에 미생물이 존재하고, 이들에 의해서 음식물이 부패된다는 사실을 실험을 통해 증명했다.

우유도 마찬가지로 공기 중에 오래 방치하면 부패가 되

고 나쁜 병원균이 증식해서 사람에게 나쁜 영향을 주는 것
이라 생각했다. 파스퇴르는 우유의 균이 증식하는 것을 방
지하기 위해 '저온살균'이라는 방법을 고안했다. 저온살균
법으로 우유를 통해서 전파되는 인수공통전염성 질병도
예방할 수 있었다.

실험동물이 산업동물에 끼친 영향

미국 농무성에서 2012년 발표한 1940~2010년 소의 마릿
수와 우유 생산량을 살펴보면 한 가지 특이한 점이 보인
다.[35] 전체 소의 마릿수는 줄어든 반면 한 마리당 우유 생산
량은 증가한 것이다. 1940년에는 약 2500만 마리의 소가
있었으며 한 마리당 우유를 연간 약 2000킬로그램 생산했
지만, 2010년에는 약 1000만 마리로 반 이상 줄어든 것과
는 반대로 한 마리당 우유 생산량은 연간 약 9000킬로그램
으로 3~4배가량 증가했다. 전체수는 줄었음에도 총 우유
생산량이 증가할 수 있었던 이유다.

생산량의 증가는 1970년대 생리학자 에드워즈에 의해
개발된 시험관 시술에서 그 이유를 찾을 수 있다. 인구가
증가하자 인류는 더욱 많은 식량이 필요하게 된다. 하지만

동물들이 생산할 수 있는 양은 정해져 있었고, 사람들은 자연적인 생산 시스템만으로는 감당하기 어렵다는 사실을 깨닫는다.

결국 찾은 방법은 시험관 시술을 활용해 실험실에서 생산 능력이 좋은 수컷과 암컷의 유전자를 선별해 수정하는 것이었다. 쉽게 말해 우수한 품종만을 대상으로 한 맞춤형 생산 시스템에 대해서 눈을 뜨고 관련 기술을 도입한 것이다. 소를 키우는 농가의 입장에서도 높은 수익을 보장하는 생산성 좋은 품종을 선호할 것은 당연했다. 그렇게 인류는 새로운 생산 시스템을 통해 약 70년 동안 생산량을 비약적으로 늘리는 데 성공했다.

앞서 이야기했듯이 에드워즈는 원래 쥐의 정자와 난자 연구를 비롯해 돼지, 소 등 실험동물의 생식세포 연구를 주로 진행했다. 생식세포에 관한 기초연구가 사람에게는 난임을 치료하는 획기적인 의학 기술로, 동물에게는 좋은 품종을 예측하고 효율성을 높이는 생산 기술로 발전한 것이다. 서로를 끌어올리는 동반성장이라고 할 수 있다.

현대는 물자가 풍부한 시대다. 식료품점에 가면 우유, 버터, 아이스크림 등 수많은 유제품들이 넘쳐난다. 과거처럼 자연적인 생산 시스템 하에 있었다면 생산에 투입되는 노동력이 수요를 따라가지 못해 우윳값은 천정부지로 치솟았을지도 모른다. 과학기술의 발전은 식료품 가격 안정에도 기여하고 있다.

과학기술이 막은 식량 부족과 멸종의 위기

과거에만 하더라도 정자와 난자의 수정은 몸 안에서 일어나는 신비로운 현상일 뿐, 이 과정을 눈으로 관찰할 수 있으리라고는 상상도 하지 못했다. 하지만 오늘날 실험실에서는 정자와 난자의 핵이 만나는 순간뿐만 아니라 여러 번의 세포 분열을 거치는 과정까지 Full-HD 영상으로 실시간으로 확인할 수 있게 되었다. 며칠 동안의 세포분열을 하고 나면 수정된 배아는 착상할 준비를 한다. 착상을 위해서는 수정된 배아를 둘러싸고 있는 투명대라는 막을 깨고 나오는데, 이런 과정을 계란 껍데기를 나오는 과정과 같은 용어를 써 '부화'라고 표현한다. 더 나아가 요즘에는 AI 딥러닝 기술을 적용한다. 수정된 배아들의 발달을 관찰하며, 어떤 배아가 건강하게 성장하는지 추적하는 것이다. 이런 데이터를 이용해 건강하게 수정된 배아를 이식하면 임신 확률도 높아진다. 2020년 이후에 몇몇 국가에서 이런 AI 프로그램이 상용화되어서 실제 사람의 수정된 배아에 적용하고 있으며, 동물에서는 소에서 가장 먼저 상용화되었다. 또한 정자와 난자의 움직임을 파악해 이상 유무를 이해하는 기술도 연구, 개발되고 있다.

한편 미국의 홀스타인협회에서는 젖소의 품종 중의 하나인 홀스타인종 중에서 가장 많은 양과 품질이 우수한 우유를 생산한 소의 등수를 매년 발표하는데, 2019년 12월 기준 단 한 마리를 제외한 모든 소가 암컷과 수컷을 미리 선별해서 수정된 배아를 이식하는 방법으로 태어난 소였다. 자연적인 생산 시스템보다 객관적인 지표를 통해 예측하고 선별하는 시스템이 훨씬 높은 효율성을 갖는다는 것이 증명된 것이다.

한우 또한 마찬가지다. 거세하지 않은 수소를 의미하는 비거세우非去勢牛 18개월령의 체중을 비교한 결과, 1974년 289.6킬로그램에 불과했던 체중은 2007년 566.6킬로그램으로 두 배 가까이 급증했다.[36] 모두 앞서 언급했던 젖소에서처럼 우수한 능력을 가진 개체로부터 정자와 난자를 예측 선별했기에 가능한 결과다.

이런 기술은 우수한 품종을 선별하는 것 이외에도 유용한 부분이 있다. 시인 정지용의 「향수」에 등장해 얼룩빼기 황소로 잘 알려진 칡소는 토종 한우 품종 중의 하나로, 그 숫자가 많이 줄어들어 멸종위기를 걱정할 지경에 이르렀었다. 이에 오늘날에는 칡소 수정란을 일반 한우 및 젖소 대리모에게 이식하는 방법으로 품종 보존에 힘쓰고 있다.

현재 국내의 젖소는 홀스타인이라는 하나의 품종만 있는데, 새로운 품종을 외국에서 도입하기 위해서는 해외에서 살아 있는 소를 비행기나 배에 태워서 운반해야 한다. 그런데 그 비용이 만만치 않고, 이동하는 도중에 스트레스 등으로 죽는 일이 발생하기도 한다. 2020년에 뉴질랜드에서 1000마리 이상의 살아 있는 소를 운반하는 배가 태풍을 만나 전복되면서, 배에 있던 40여 명의 사람과 함께 모든 소들이 실종되는 사건이 있었다.

이처럼 살아 있는 소를 운반하는 방식의 위험성이 높기 때문에, 소의 생식세포 즉 수정된 배아를 냉동실에 담아서 운반하는 방식이 적용되고 있다. 우리나라에도 새로운 젖소 품종인 '저지'를 도입하기 위하여, 호주에서 생산된 저지소의 배아를 냉동 상태로 수입했다. 이 배아를 국내의 젖소 및 한우 대리모에 이식해 새로운 품종을 도입할 수 있었다. 과학기술의 발전으로 맞춤형 생산이 가능해졌기 때문이다.

과학의 정점에 있는
동물 복제의 현재와 전망

산업혁명이 쏘아 올린 동물 복제

태어난 모든 것들은 죽는다. 많은 사람들이 그토록 꿈꾸던 불로장생의 비밀은 과학기술이 고도로 발전한 오늘날까지도 아직 밝혀지지 않았다. 하지만 또 다른 의미의 불로장생이 시도되고 있는 것만은 확실하다. 바로 복제다.

동물 복제의 가능성은 2012년 노벨 생리의학상을 수상한 영국의 생물학자 존 고든^{John Gordon}에 의해 처음 입증되었다고 보면 된다. 고든은 1962년 아프리카발톱개구리를 대상으로 한 실험에서 이미 분화된 세포도 분화 이전 초기 상태로 돌아갈 수 있다는 것을 보여주었다. 실험 내용을 보면, 개구리의 분화된 세포(장 상피세포)를 핵이 제거된 난자에 넣었더니, 분화된 세포의 핵이 분화 이전 상태로 초기화되어 개구리가 태어남을 증명했다. 이 실험은 성체가 된 세포도 난자에 노출이 되면 초기화될 수 있음을 증명함으로써, 훗날 체세포를 배아줄기세포로 바꾸는 유도만능줄기세포를 만들 수 있는 가능성을 보여주었다.[37]

복제 개구리가 성공했지만, 양서류는 포유동물에 비해서 하등동물이기 때문에 상대적으로 사람들의 관심을 끌지는 못했다. 과학계를 벗어나 대중의 주목을 받지 못했다는 뜻이다. 복제가 모든 사람들에게 관심을 일으키게 된 것은 바로 복제양 돌리의 탄생이다. 하지만 여기서 한 가지 의문점이 있다. 왜 실험동물인 생쥐에서가 아니라, 임신 기간도 쥐보다 약 7배나 길고, 한 번에 낳을 수 있는 새끼 수도 훨씬 적은 양이 먼저 복제가 되었을까 하는 점이다.

첫 번째 복제동물이 양이 된 이유는 산업혁명과 관련이 깊다고 생각한다. 유럽에서는 산업혁명에 따라 인구가 증가하자 동물의 고기와 털의 수요가 크게 증가했을 것이다. 이때 소비된 후 버려진 양의 나머지 부분들, 그중 정소와 난소의 양도 많아질 수밖에 없었다. 이것들은 먹을 수 없어서 대부분의 사람들에게 폐기 처분의 대상이었지만 과학자들에게는 좋은 재료가 되었다. 어렵지 않게 다량의 실험 재료를 실험실로 가져올 수 있었던 과학자들은 양의 생식 세포 연구를 진행했다. 그렇게 연구가 계속되어 1996년 영국의 발생학자 이안 윌머트 등에 의해 최초의 복제양 돌리가 태어났고, 1997년 《네이처》에 공식 발표되었다.[38]

다음 해 1998년에는 소와 쥐가 성공적으로 복제되었다. 소 또한 임신 기간이 280여 일로 포유동물 중에 매우 긴 임신기간을 가지고 있지만, 양과 마찬가지로 다량의 고기와 가죽이 소비되었던 만큼 버려진 정소와 난소를 활용한 연구가 활발히 이루어져, 상대적으로 다른 동물에 비해서 빠르게 복제에 성공했다고 할 수 있다. 이후 활발한 복제 연구 활동으로 1999년 염소, 2000년 돼지, 2002년 고양이, 2003년 집쥐와 노새, 2003년 말, 2005년 개, 2006년 페럿, 2010년에는 낙타가 복제되었다. 그리고 2018년에는 중국에서 인간과 가장 비슷한 영장류, 바로 원숭이 복제에 성공했다고 발표했다.

인간, 복제 주도자에서 복제 당사자로
양을 비롯해 이후 소, 염소, 돼지까지 동물 복제가 굉장히 빠른 속도로 진행될 수 있었던 이유는 모두 일상생활과의 관련성 때문이다. 중동 지방에서 낙타 복제가 이뤄지는 것 또한 마찬가지다. 2010년 아랍에미리트 두바이의 낙타복제센터 니사르 와니Nisar Wani 박사는 복제 낙타 인자즈Injaz의 탄생을 세계 처음으로 발표했다. 다른 지역이 아닌 중동지역에서 낙타가 처음 복제된 것은 지리적으로 낙타가 중동지역에 많이 살기 때문이다. 이 지역에서는 낙타가 우유와 고기를 제공해줄 뿐만 아니라, 운송 수단으로서의 기능까지 하는 굉장히 중요한 동물이다.

이런 복제를 포함한 생식세포 연구와 관련해 한 가지 외의의 사실은, 유럽의 식민지 지배의 역사 속에서 시작되었다는 점이다. 식민지 지배를 위해 떠난 유럽인들은 본국의 질 좋은 고기를 식민지로 가져와 먹고자 했다. 하지만 당시의 주된 수단이었던 선박은 동물을 옮기기에 역부족이었다. 장시간의 항해로 동물이 죽거나 그마저도 중간에 풍랑을 맞기 일쑤였기 때문이다. 이때 생각한 방법이 바로 생식세포를 옮기는 것이었다.

유럽에서 양의 정자와 난자를 수정시켜 몸집이 작은 토끼 배에 집어넣어 기차로 이동시킨다. 약 일주일 정도가 지나 아프리카에 도착하면, 토끼의 배 속에서 수정란을 꺼내 아프리카의 건강한 암컷 양에 착상시키는 것이다. 이것이 식민지 지배 시대에 유럽 양을 아프리카에서 증식시키는 방법이다. 한 개체가 아닌 생식세포만 분리해 옮기는 개념은 이런 역사 속에서 시작되었다.

복제 이야기를 할 때 빼놓을 수 없는 주제가 바로 사람의 존엄성과 관련한 윤리적인 문제다. 영화 〈아일랜드〉가 개봉했던 20여 년 전만 하더라도 인간 복제에 대한 이야기는 상당 부분 상상의 영역에 머물러 있었다. 하지만 다양한 동물 복제가 계속해서 이뤄지고 2018년에는 중국에서 사람에 가까운 영장류인 원숭이 복제까지 성공하자, 인간 복제에 대한 우려가 더욱 커지기 시작했다.[39]

복제한 개체는 원래의 개체와 어느 수준까지 똑같아질수 있을까? 오늘날 휴대전화 잠금을 해제할 때 지문을 사용하는 이유는 하늘 아래 같은 지문은 없을뿐더러 이런 무작위적 패턴을 흉내 내는 것조차 불가능하기 때문이다. 그런데 개인의 고유성을 증명해주는 지문까지도 똑같이 복제할 수 있을까?

이에 대한 근거는 소의 코 주름인 비문鼻紋 연구에서 찾아볼 수 있다. 소의 비문은 사람의 지문 역할을 하는 표식으로, 이를 통해 각각의 소를 구분하는 데 이용한다. 그렇기 때문에 일본에서는 개체나 혈통을 식별하기 위해 거의 모든 소의 비문을 채취한다고 한다. 그런데 복제된 소에서 비문은 비슷한 형태를 나타내기도 하지만, 다른 형태를 보이기도 한다고 보고되었다.[40] 이렇게 유전자는 같은데 표현형이 다르게 나타는 것을 후성 유전학이라고 한다. 이런 후성 유전학의 또 다른 예로는 홀스타인(젖소)의 털색 패턴이 차이가 나는 것을 들 수 있다. 흰색과 검은색이 불규칙하게 분포되어 있는 홀스타인은 복제가 되어도, 그 털색이 완벽하게 복제되지는 않는다. 일부는 유사하게 보이기도 하지만, 일부에서는 다른 형태의 털색을 보이기도 한다.

복제가 가져올 희망과 우려

복제 연구에는 순기능 또한 분명히 있다. 사람의 질병을 연구하기 위해서는 사실 원숭이를 통해서 이해하는 것이 가장 빠르고 정확하다. 연구자들은 원숭이로 모델동물을 만들어 다양한 질병 연구를 하길 바라지만, 여러 동물 중 원숭이는 가장 어려운 복제 대상이었다. 그러던 것이 불과 몇

년 전인 2018년 중국의 연구진에 의해 성공한다.

원숭이 복제를 성공한 중국과학원 신경과학연구소장 무밍 푸Mu-ming Poo는 원숭이 복제 연구를 통해 최종 목표는 인간 질병 치료에 도움이 되는 것에 있다고 밝혔다. 실제로 알츠하이머나 파킨슨병, 암 관련 유전자를 가진 원숭이를 개발할 경우 사람의 질병 치료를 연구하는 데 큰 도움이 될 것이다. 이 글을 쓰고 있는 시점에도 유전자 편집 기술이 발전을 거듭해 유전자 편집 원숭이가 최근 태어났으며, 관련 연구들이 중국을 중심으로 활발하게 이루어지고 있다.

복제 연구가 인류에게 가장 도움이 될 수 있는 것으로 기대되는 주제 중 하나는 장기이식이다. 예를 들어 2018년 독일심장센터의 크리스토프 크노잘라Christoph Knosalla의 연구에 따르면, 돼지의 심장을 이식받은 원숭이가 945일, 2년이 넘는 기간 동안 생존한 것을 확인했다.[41] 이는 돼지와 사람 간의 심장이식을 목표로 한 연구로, 지난 10여 년 동안 인간의 조직에 적합한 유전자 변형 돼지를 만드는 연구가 계속되고 있다. 2022년 실제로 돼지의 심장을 사람에게 이식했다는 뉴스를 본 사람이 많을 것이다. 이때 사용된 돼지는 10개의 유전자가 변형되었다고 한다. 이제 돼지의 장기

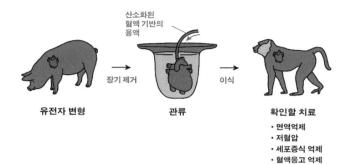

산소화된
혈액 기반의
용액

유전자 변형 → 장기 제거 관류 이식 → 확인할 치료

확인할 치료
• 면역억제
• 저혈압
• 세포증식 억제
• 혈액응고 억제

돼지와 원숭이 간 심장이식

를 사람에게 이식하는 이종장기이식이 가능한 시대가 되었다. 이런 놀라운 발전을 뒷받침하는 것은 돼지의 장기를 원숭이에게 이식하는 임상실험이 활발하게 이루어져온 덕분이다.

이와 관련해 돼지의 몸에서 사람의 장기를 키워 이식하는 연구도 있다. 앞서 마우스 연구에서 PDX-1 유전자가 결핍되면 췌장이 생성되지 않는 것을 이용한 사례를 이야기했었다. PDX-1은 췌장 발달에 반드시 필요한 유전자로, 돼지에서도 결핍 시 췌장 발달을 억제한다. 유전자 편집으로 PDX-1을 결핍시킨 돼지의 수정란에 사람의 유도만능줄기세포를 넣으면, 사람의 유도만능줄기세포가 그 빈자리를 채워 사람의 췌장으로 자라는 것이다. 이 원리는 췌장에만 국한되지 않는다. PDX-1 유전자처럼 특정 장기의 결손을 결정하는 마스터 유전자를 알게 되면, 그 유전자가 제거된 수정란에 이식된 사람의 유도만능줄기세포가 사람의 장기가 될 것이다.

해가 다르게 놀라운 연구가 쏟아지는 가운데, 윤리적 문제 제기도 늘어간다. 어떤 윤리학자는 사람의 유도만능줄기세포가 돼지의 뇌에 자리 잡을 경우, 돼지의 지능이 사람처럼 높아지는 것이 아닌지 의문을 표했다. 다소 황당한 걱정으로 보이지만, 아주 허무맹랑한 논리는 아니라고 생각한다. 이런 논란 속에서도 몇몇 국가에서는 돼지에 영장류의 배아줄기세포의 이식하는 연구를 승인했다. 그 결과 2017년과 2019년 두 차례의 연구로 실제 가능성이 있음을 확인했다.[42] 물론 이식된 유도만능줄기세포는 초기 연구 결과만 확인한 후 일정 기간 내에 폐기하도록 법으로 정해져 있으며, 이에 따라 진행되었다.

다른 동물의 장기를 사람의 몸속에 이식하는 일, 다른 동물의 몸속에서 사람의 장기를 생성하는 일 등 장기이식 연구의 필요성은 누구나 공감하지만, 과학기술은 인류를 위해 어디까지 허용되어야 할 것인지 윤리적 문제를 간과할 수 없다. 또한 과학적으로도 동물과 사람의 세포가 섞이는 키메라에 대해 우려를 표하고 있다.

지구, 동물과 인간을
하나로 묶는 연결고리

인간, 동물 멸종의 원인이자 결론

때로는 과학 실험의 대상으로, 그리고 대부분은 식량으로 이용된 동물은 오늘날 또 다른 방식으로 고통받고 있다. 다양한 환경 변화나 사람의 욕심 때문에 아예 지구상에서 사라지고 있는 것이다. 이 순간에도 무분별한 자연 개발로 많은 동물들이 소리 없이 멸종되고 있다.

코뿔소는 밀렵의 대표적인 표적으로, 코뿔소의 뿔은 암시장에서 엄청난 시세에 팔린다. 이제 검은 코뿔소는 전 지구에 5000여 마리밖에 남지 않았다. 다행히도 1960~1995년에는 3000여 마리에 불과했지만 그간의 노력으로 현재는 조금 회복한 상태다. 코뿔소 중에서도 북부 흰코뿔소는 더욱 극심한 멸종위기에 처해 있다. 2018년 지구상에 남아 있는 세 마리의 북부 흰색 코뿔소 중 한 마리가 죽었는데, 죽은 코뿔소는 그중 유일한 수컷이었다. 사실상 자연적으로는 번식이 불가능해 멸종이 확정된 것이나 다름없는 상황이다. 다행인 점은 수컷이 사망하기 전에 생식세포와 체세포를 분리해 놓았기 때문에, 생식세포를 남은 암컷에 인공수정하려는 시도가 이뤄지고 있다.

만약 코뿔소의 체세포만 남은 상황이었다면 역분화줄기세포 기술을 적용한다. 체세포를 배아줄기세포 상태로 만들고, 그 배아줄기세포가 분화해 생식세포가 될 수 있도록 하는 연구들이 진행되고 있다. 아직은 완전히 가능하지 않지만, 생명공학 기술의 발달에 힘입어 점차 발전된 연구 결과가 발표되고 있다.

멸종위기 동물 복원을 위해 현재 시도되고 있는 연구 중 가장 현실적인 방법은 동종 내에서 체세포 복제를 하는 것이다. 실제로 야생 양의 일종인 무플런Mouflon 경우, 무플런에게서 분리해 보존한 체세포를 양의 난자와 융합해서 복제 배아를 만들어 양에게 이식한 사례가 있다. 이 수정란이 잘 착상되어 양에게서 무플런이 태어났다. 아직 제한이 많

은 시도이긴 하지만, 생명공학 기술을 활용해 멸종위기에서 벗어날 수 가능성을 보여준다.[43]

멸종위기 동물에 대한 경각심을 일깨우고자 국제자연보전연맹IUCN에서는 적색목록IUCN Red List을 제공한다.[44] 멸종EX, 야생에서의 멸종EW, 심각한 멸종위기CR, 멸종위기EN, 취약VU, 준위협NT, 관심 대상LC, 데이터 부족DD, 평가되지 않음NE의 아홉 그룹으로 나뉜다.

지금까지 집계된 바에 따르면 4만 여종에 이르는 동물들이 멸종 위협을 받고 있는데, 양서류가 약 40퍼센트로 가장 많으며 그다음으로 상어 및 가오리, 송백류, 산호, 갑각류, 포유류, 조류순이다. 홈페이지를 통해서 지구상의 여러 생물체들이 사라지고 있음을 실시간으로 제공해주고 있다.

우리나라 환경부에서도 호랑이, 늑대, 대륙사슴, 반달가슴곰 등의 포유류를 비롯한 양서류 및 파충류, 어류, 곤충, 무척추동물, 식물 등 멸종위기 야생생물 267종에 대한 정보를 제공하고 있다. 그리고 여러 지자체 및 연구기관에서 종 복원을 위하여 다양한 노력을 기울이고 있다.

가장 성공적으로 홍보되고 있는 것은 지리산 반달가슴

곰일 것이다. 지리산 반달가슴곰 보존 사업의 일차적 목표는 2004년 러시아나 중국 등지에서 우리나라에 있었던 반달가슴곰과 같은 품종을 수입해 야생에 방사하고, 이들이 생존해 자연 번식으로 자리 잡기를 유도하는 것이다. 이런 일차적 목표는 달성되었으며, 2018년 이후에는 생명공학 기법인 인공수정 적용에도 성공해 다수의 반달가슴곰 새끼들이 태어나는 등 종족 보존과 번식에 심혈을 기울이고 있다. 반달가슴곰 보존에 투입된 예산만 10년 동안 150억 원 이상이었다고 한다. 그간의 노력까지 생각한다면 멸종 위기를 초래한 대가는 수백억 원 이상을 훨씬 넘을 것으로 생각한다.

지구는 인간이 아닌 모두의 것

동물원은 동물을 떠올렸을 때 빼놓을 수 없는 대표적인 장소다. 1752년 문을 연 유럽 최초의 동물원, 오스트리아의 쉰브룬 동물원은 마리아 테레지아를 위해 황제 프란츠 1세가 설립한 궁전이었다. 이곳은 프랑스혁명 때 단두대의 이슬로 사라진 그녀의 딸 마리 앙투아네트가 어린 시절을 보냈던 곳이기도 하다.

프란츠 1세는 아프리카를 여행하며 수집한 동식물을 쇤브룬 궁전 작은 우리에 모아두었는데, 1765년 황제 요제프 2세에 의해 일반인에게 공개되면서 최초의 근대 동물원이라는 기록을 남기게 되었다. 까마득히 오래전에 지어졌지만 꾸준히 유지 보수를 하고 있으며, 무엇보다 넓은 면적이 확보되어 있어 오늘날 동물들에게도 나쁘지 않은 환경이다.

부끄럽게도 과거 동물원은 사람의 흥미를 위해 좁은 우리에 야생동물을 몰아넣고 구경하는 동물 학대 시설과 다름없었다고 할 수 있다. 특히 우리나라의 동물원이 상대적으로 해외 동물원에 비해서 시설이 더욱 열악한 편이다. 이런 열악한 동물원 환경에서 야생의 본능을 억제당한 동물은 과도한 스트레스로 죽기도 했다. 다행히 동물 권익에 대한 인식이 높아짐에 따라, 이제는 동물원도 달라져야 한다는 목소리에 힘이 실리고 있다.

이에 서울대공원 동물원은 2017년 국내 동물원 최초로 AZA^{association of zoo and aquarium} 인증에 도전, 2019년에 이를 획득했다. AZA 인증은 동물복지, 보전 및 과학 연구, 생태 교육, 안전 훈련, 재정 상태 등 전반적인 동물원의 운영 상태를 평가해 부여하는 국제 인증 기준이다. 이런 제도적인 정비와 더불어 동물원을 찾는 사람들의 자세도 달라지고 있다. 시선을 끌기 위해 돌을 던지거나, 귀엽다는 이유로 사람이 먹는 음식을 던지는 등의 행동이 잘못되었다는 것은 이제 상식이다. 이런 상식이 앞으로 더욱 널리 알려지기 위해 우리 모두 노력을 해주었으면 한다.

오늘날 사람들은 사육사의 지시에 따라 수동적으로 움직이는 동물원을 원하지 않는다. 동물들에게도 놀고 싶을 때 놀고, 먹고 싶을 때 먹고, 쉬고 싶을 때 쉴 권리가 있기 때문이다. 동물원에서 동물 한 마리가 스트레스로 죽고, 기후변화와 무분별한 밀렵으로 동물 한 종이 멸종되었다고 해도 당장 피부로 느껴지는 것은 없을 것이다. 하지만 동물의 멸종은 결국 자연의 거대한 먹이사슬이 깨지는 것을 의미한다. 망가진 자연 생태계에서 최종적으로 멸종할 개체는 아마 사람일 것이다.

우리나라에서도 2017년 서울시와 서울대가 협력해 야생동물센터를 설립 및 운영하고 있다. 이곳에서는 야생동물과 사람의 공존을 목표로 시민들을 교육하고 각종 질병을 앓거나 부상 입은 야생동물을 구조 및 치료, 재활 및 방생함으로써 자연 생태계를 보호하고 있다. 그뿐만 아니라 멸종위기 야생동물의 유전자 확보 및 복원에 대한 연구도 진행한다. 조금 늦은 감이 있지만, 자연이 회복력을 완전히 잃어버리기 전에 지금부터라도 노력해야 한다.

인간과 동물의 건강은 하나다

농장동물의 질병은 감염 속도 및 치사율 등에 따라서 국가에서 적용하는 정책이 조금씩 다르다. 우리나라에서는 가축전염병에 대한 법령을 정해 운영하고 있다.

조류독감의 경우는 아직까지 백신 정책을 적용하지 않기 때문에, 전염병이 발생할 경우 노출된 동물을 키우고 있는 농장 전체가 살처분 대상이 되어 동물들을 전수 살처분한다. 반면 구제역은 과거에는 살처분했으나 현재는 백신 정책을 사용하고 있다. 이에 구제역 백신 항체 양성률이 미달된 농가에는 과태료가 부과되며, 최근에는 해당 농가에 수의사를 지정해 재접종하는 조치를 의무화하는 방안도 제시되었다.

하지만 백신을 사용한다고 해도 간단하지 않다. 축사의 수많은 동물들 중 한두 마리가 누락될 경우 전염병은 언제든 또 발생할 수 있다. 또한 사람이 백신에 부작용을 겪듯이 소의 경우도 구제역 백신 접종 후 유산을 하거나 우유 생산량이 줄어들었다고 농가에서 이야기한다. 생산성이 떨어질 위험성까지 있으니 농가에서는 백신 맞히기를 기피하는 것이다. 최근 학술 보고에 따르면, 구제역 백신 접종 이후 배란 지연이 유발되었다는 논문이 발표되었다.

그럼에도 불구하고 백신 접종은 국가 축산업 전체의 손실을 막아준다. 2023년 청주 지역을 중심으로 구제역이 발생해 방역 당국이 긴장했지만, 대부분의 농장이 백신 접종을 완료해 큰 피해 없이 넘어간 사례를 들 수 있다. 경제적 손실 외에도 질병으로 인한 대규모 살처분은 환경오염을 야기하기도 한다. 가장 큰 피해를 입는 것은 죄 없이 죽어간 수많은 동물임은 말할 것도 없다. 농장동물의 전염성 질병에 대한 인식 개선과 함께 많은 투자가 필요한 이유다. 단순히 지금처럼 발생되는 질병 통제에 집중하지 말고, 사람처럼 질병 전체의 발생과 예방에 대한 시스템 마련이 필요할 것이다.

동물은 사람들에게 심리적 안정감을 줄 뿐만 아니라 치료제를 개발하고, 식량을 제공하며, 자연 생태계를 유지하는 역할을 한다. 결국 동물과 사람은 지구라는 공동체에서 공존하고 상생해야 하는 관계다. 영국의 과학자 제임스 러브록James Lovelock이 주창한 가이아 이론과도 같은 이야기다. 가이아란 대지의 여신을 그리스인들이 부르는 이름으로, 지구를 표현하는 말이다. 러브록은 지구를 하나의 살아 있는 생명체로 생각하고, 지구에 있는 모든 생물, 무생물 등이 지구를 구성하는 유기체이므로 어느 하나가 이상이 생기면 자연스럽게 지구가 아프게 될 수 있다고 주장했다.

가이아 이론이 나온 지 약 30년이 지난 지금, 지구는 신종플루, 메르스, 코로나19 등 동물에서 사람에게 전파된 바이러스 질병으로 피해를 보고 있다. 또한 많은 공장에서 발생되는 이산화탄소 등으로 온도가 상승했고, 이로 인해 북극, 남극의 빙하가 줄어서 해수면이 높아지고 있으며, 이상 기후 등이 속출하고 있다. 이렇게 아주 서서히 지구는 병들고 있다. 지구는 하나의 거대한 생명체로서 사람과 동물, 환경이 함께 건강할 때 비로소 살아 있을 수 있다. 그런 의미에서 동물의 질병과 치료는 결국 인류의 보건과 건강을 의미하기도 한다. 한마디로 건강한 사람, 건강한 동물, 건강한 환경은 하나의 사이클 안에 있다. 이 개념을 통틀어

하나의 건강, '원헬스one health'라고 이름 붙여 최근 원헬스 포럼의 활동이 시작되었다. 지구 공동체의 안녕을 바란다.

생물다양성을 위해 인간이 할 수 있는
노력에는 어떤 것이 있을까?

생물다양성을 위해서 인간이 할 수 있는 노력은 매
우 다양하다. 과학자들은 아마도 다양성을 유지
하도록 유전자를 분석하여, 근친교배나 유전병의
원인을 막을 수 있는 방법을 연구할 것이다. 동물
원이나 환경분야에서 연구하는 생태학자들은 다
양한 동물들이 살 수 있도록 자연환경을 보존할 것
이다. 수의사들은 이런 동물들이 살 수 있도록 다
양한 동물에서 발생할 수 있는 질병들에 대해서 연

구할 것이다.

하지만 이런 전문 분야의 직업인이 하는 일은 일부에 불과하다. 생물다양성을 위한 노력은 모두가 동참해야 의미 있는 성과가 나올 수 있는데, 가장 중요한 것은 환경보호를 위한 노력이다. 코로나19 초기에 사회적 거리두기와 국가 간 이동금지가 되면서, 세계 곳곳의 유명 관광지에 사람의 발걸음이 끊기며 다양한 동물이 발견되었다는 뉴스가 있었다. 동물뿐만 아니라 식물들도 다양하게 자랄 수 있는 환경이 만들어진 것 같다. 또한 우리가 버리고 있는 많은 쓰레기, 특히 플라스틱은 전세계의 다양한 동물들을 아프게 하고 있는데, 생태계에 흘러 들어간 플라스틱과 비닐 등을 동물들이 먹고 죽게 되는 일들이 많다. 분리수거한 쓰레기를 재활용하는 것도 버려지는 양에 비해 턱없이 적기 때문에, 처음부터 쓰레기를 줄이는 노력도 중요하다. 환경보호를 위해 쓰레기를 줄이고, 동물의 생태계를 침범하지 않고 보호해주는 것이 생물다양성을 위해 가장 중요한 일이라고 생각한다.

복제가 지닌 인간 존엄성의 문제를 해
결하기 위해 갖춰져야 할 제도는 무엇
일까?

복제라는 것은 나와 똑같은 유전자를 가진 생물체
를 말한다. 복제가 처음 시작된 것은 과학 분야에
서의 '유전자 복제'였다. 즉 실험실에서 특정 유전
자를 복제하여 그 유전자를 사용하고, 같은 분야
를 연구하는 사람들에게 나누어주고, 서로 함께
그 유전자의 기능을 연구하여, 차이점과 같은 점
을 확인하는 데 사용했다.

세포가 분열하면서 동일한 세포가 두 개가 되
는 순간이 있다. 체외 수정된 배아(1세포)는 약 하
루가 지나면 세포 분열을 해서 2세포가 되는데,
이때 2세포 배아를 물리적으로 분리해서 각각의
배아세포로 만든다. 원래 하나였던 세포는 두 개
의 배아세포가 되어 각각 성체로 성장하는데, 이
런 복제 기술은 일란성 쌍둥이가 발생하는 기전과
동일히다.

이전의 배아 복제는 자연에서 발생되는 일란성 쌍둥이를 과학적으로 재현하는 것이었고, 유전자 복제도 생물체에서 일어나는 복제 현상을 실험실에서 재현한 것이었다. 다시 말해, 자연에서 발생하는 일을 모방하는 수준이었다.

하지만 복제양 돌리의 탄생이 이후 이 양상은 달라진다. 성체의 일부인 체세포를 배아와 융합해서 다시 수정란의 상태로 되돌릴 수 있는, 체세포 복제가 실현됐기 때문이다. 1997년 복제양 돌리가 발표된 이후 약 25년이 지난 지금, 체세포 복제 연구는 생명 현상의 의문점을 푸는 중요한 도구로 활용되고 있다. 일부에서는 여전히 개체복제로 복제 생명체를 만드는 것을 목표로 하는 연구도 있다.

모든 연구는 결국 인간을 위한 활동이기 때문에, 결국에는 인간에게 적용되는 것을 향한다. 물론 첫 백신이었던 우두법, 시험관 아기, 세 부모 아기 등 언제나 윤리적 논란이 있었던 과학의 역사이지만, 최근에는 연구자들 사이에서도 심사숙

고하는 추세다. 최근 원숭이의 복제가 성공하고, 유전자 편집을 통한 맞춤형 원숭이까지 가능해졌기 때문이다. 인간과 가까운 영장류의 체세포를 복제하는 경우에는 국가에서 관리해야 할 것으로 생각한다. 지금도 사람의 체세포 복제 실험은 국가 생명심의윤리위원회를 반드시 거치고 있는데, 체세포 복제 실험은 인간의 난자를 대상으로 한 실험을 동반하기 때문이다.

인간의 난자를 이용하지 않는다면 생명심의윤리위원회를 거치지 않아도 될까? 앞으로는 체세포를 다루는 것만으로도, 그 연구 목적이 생식세포와 관련된 것이라면 생명심의윤리위원회를 거쳐야 할지도 모르겠다. 왜냐하면 최근에 발표된 연구 결과에 따르면 마우스의 세포를 역분화 배아줄기세포로 만들고, 만들어진 배아줄기세포를 이용해서 인공 난자를 만들었는데, 이 인공 난자를 수정시켜 다시 마우스가 태어났기 때문이다. 이런 연구가 사람에게 적용되려면 수년이 걸리긴 하겠지만, 이미 사람의 체세포를 역분화 배아줄기세포로 만다는 것은 아주 자연스럽게 받아들여지고 있다. 이렇게 만들어진 역분화 배아줄기세포에서 난자가 만들어지고, 수정이 되면 사람이 태어나는 일련의 과정이 가능할 수 있다. 이제부터는 연구기관에서 체세포를 다루는 각 연구의 목적이 무엇인지 확인하고, 연구를 마친 후 점검하는 투명한 체계가 필요할 것이다.

코로나19의 발생을 야생동물 생태계
파괴와 연관 지어 이야기한다면?

코로나19와 같은 인수공통전염병의 팬데믹은 전부터 조짐이 있었다. 이와 관련한 영화가 있는데, 생태계 파괴와의 관계를 친절하게 설명하고 있어서 소개한다. 내용의 시작은 개발을 위해 숲의 나무를 벌목하고, 서식지를 잃은 박쥐가 이동한다. 그간 인간과 분리된 환경에서 살던 박쥐의 서식지가 옮겨지면서, 박쥐가 먹고 있던 음식물이 돼지

농장에 떨어지는데, 떨어진 음식을 돼지가 먹고, 같은 우리에 살던 돼지들이 서로 접촉하면서 바이러스가 전파된다. 그리고 그 돼지를 도축해서 식당에서 팔던 요리사와 주인공의 부인(귀네스 펠트로 역)이 악수를 하고, 그렇게 바이러스 질병이 퍼지면서 팬데믹이 된다는 내용이다. 아마도 그 영화는 2009년 돼지에서 바이러스가 퍼져서 발생된 신종플루를 배경으로 약간 과장해서 만든 영화인데, 마치 코로나19 팬데믹을 예측한 것처럼 잘 만든 영화다. 코로나19의 시작도 중국 우한 지역에서 서식하는 박쥐에서 비롯되었다는 가설이 가장 유력하기 때문이다.

우리가 생태계 파괴라는 문제에 신경 쓰기 시작한 것은 얼마 되지 않았다. 지구의 나이가 아니라, 인류가 지구에 흔적을 남기기 시작했을 때부터 역사를 기록한다 해도 아주 최근의 일이다. 사실 그 오랜 역사 내내 인류는 야생동물의 영역을 침범하면서 문명을 발달시켰다고 할 수 있는데, 왜 이제야 이런 문제가 불거진 것일까? 이는 개발의 속도 때문이라고 생각한다. 동물들이 서식지를 옮기고 인간으로 인한 침습을 피할 겨를도 없이 대규모의 개발이 너무 빠르게 이루어지는 것이다. 사실 이제 더 이상 동물들이 피할 곳이 없기도 하다.

과도한 개발로 인한 피해는 이제 인간에게 돌아오는 상황이다. 대표적인 것은 기후변화다. 지구온난화로 빙하가 녹을 때는 북극곰을 걱정했지만, 이제는 해수면이 상승하면서 없어질 섬들에 대해 걱정하기 시작했다. 현재는 이상기온으로 인한 폭염, 폭우, 혹한이 지구 곳곳에서 매년 반복되어 자기 자신을 걱정해야 하는 상황에 이르렀다.

환경오염을 저지하고 생태계 파괴를 줄이려는 노력은 이미 늦었을까? 그래도 어쩔 수 없다. 인간도 환경오염으로부터 피할 곳이 없는 건 마찬가지이기 때문이다.

생명과학, 아직 끝나지 않은 이야기

어릴 때 시골에서 동물을 키우면서 동물과 가까이하면서 살았고, 우연히 어쩌면 운명적으로 수의학이라는 분야에 발을 내디뎠다. 처음 수의학과에 입학할 당시, 즉 1990년 대에 우리나라는 개와 고양이와 같은 반려동물보다는 산업동물에 대한 교육과 현장이 중요한 시점이었다. 이후 소득 수준이 높아지고, 2002년 월드컵을 치르고, 각종 국제 사회에서 대한민국이라는 존재가 두드러지고, 집에서 개와 고양이를 키우는 인구가 급격히 증가했다. 산업동물 위주의 수의학 교육을 받고 수의사 시험을 보았는데, 수의사로서 본격적으로 활동하는 시점에는 이미 산업동물보다는 반려동물 중심의 교육과 산업이 더욱 활발하게 이루어지는 상황이 되었다.

2000년대 초반까지만 해도 국내 반려동물에 대한 인식은 높지 않은 수준이었다. 막 수의사가 되어 야간당직을 설 때는 응급으로 내원하는 개들에서 파보바이러스 설사증이 많았다. 백신만 잘 맞추면 거의 문제되지 않는 질병인데, 동물 백신에 대한 인식이 부족해 접종하지 않은 것이다. 판매되는 강아지들 가운데 많은 수가 이런 감염으로 고통받았다. 지금은 반려동물을 키우는 사람들이 백신의 중요성을 잘 알고 있기 때문에, 파보바이러스 설사증은 거의 보기 힘들어졌다. 또한 반려동물을 가족으로서 오래 함께하길 바라기 때문에 건강관리에 신경쓰고, 노령 동물에 대한 질병 관리도 중요해지는 시점이 되었다. 최근에는 내분비질환, 피부병, 퇴행성 질환에 대한 관심이 높아지고 있다.

산업동물에서도 많은 변화가 있었다. 내가 어릴 적은 소에 대해 잘 몰라도 외양간에 한두 마리씩 키우던 때였다. 그때는 송아지를 임신하는 것과 기본적인 건강관리가 전부였다. 그 시절은 수의사를 양성하는 것이 정말 중요했고, 덕분에 소의 임신과 출산이 안정되면서 우리나라도 축산 선진국으로서 우수한 품질의 고기와 우유를 수출하는 국가가 되었다. 이제는 국제적 교류가 증가하여 조류독감이나 구제역 등 전염성 질병의 유입과 발생이 당면한 과제이다. 산업동물의 전염성 질병 관리나 통제와 함께 인수공통 전염성 질병의 관리가 점차 중요해지고 있다.

새로운 질병에 빠르게 대처하려면 질병을 일으키는 원인체를 정확히 파악하는 분자생물학적 연구가 필수적이다. 이 분야도 과거에 비해 비약적인 발전을 하고 있다. 이번 코로나19 때는 감염 진단키트가 각 가정에 비치될 정도였다. 진단 기술의 연구에는 다양한 실험동물이 이용되는데, 특히 유전자 교정 실험동물이 등장하면서 질병을 정확하고 빠르게 이해할 수 있었다.

유전자 교정 실험동물을 이용하면서 분자생물학적으로도 세포와 조직에 대한 심층적인 연구가 가능했다. 최초 수정이 되어서 세포가 분열하고, 피부, 신경 등 각 조직으로 분화되는 과정에서 응용할 수 있는 연구가 많아졌다. 이런 연구 중의 한 예가 피부세포를 배양해 유전자 교정과 신호전달 시스템을 바꾸어 생식세포를 만드는 것이다. 마우스에서 증명된 이 놀라운 결과는 앞으로 다양한 동물의 생식세포를 인공적으로 만들 수 있음을 시사한다. 존재하는 하나의 세포로 실험실에서 생명체를 만들어내는, SF적인 상상이 현실로 다가오고 있다. 특히 이런 연구는 멸종위기종에 적용해 다양한 종의 보존에 기여할 수 있다.

매일 실험실에서 진일보하는 연구 결과들을 보고, 동물병원과 목장에서는 질병과 특이한 생명 현상을 본다. 과거에는 '이론은 이론일 뿐, 현장에 적용하는 것에 괴리감이 있다'는 말에 어느 정도 수긍했으나, 이제는 풀리지 않던 이론적인 것들이 하나씩 해결되어가는 것처럼 보인다. 2009년에 특정 유전자를 제거한 소를 만드는 연구를 시작하면서 나조차도 성공 여부를 확신하지 못했다. 가능하더라도 은퇴할 즈음을 예상했는데, 불과 10년 만에 예상했던 결과가 현실이 되었다. 2023년 미국 학회에서 진행된 13회 형질전환동물 연구 컨퍼런스Transgenic Animal Research Conference에서 이 결과를 발표하자 다른 연구자들도 놀라워하며 기뻐할 정도였다.

전공 분야별로 나뉘었던 벽이 서서히 허물어지며 학문 간 융합이 이루어지는 것을 피부로 느끼고 있다. 융합적 사고를 얼마나 빠르게 적용하느냐에 따라 개인의 연구 성과도 달라지고, 세상이 발전하는 속도도 달라질 것이다.

전통적인 수의학을 배운 내가 강의하고 연구하는 방향이 미래지향적인 수의학으로 나아가고 있는지 점검하고 고민하고 있다.

주석

1. James D. Watson & Francis Crick. (1953). Molecular Structure of Nucleic Acids. Nature, Volume 171, Issue 4356, pp.737~738.

2. Stanley N. Cohen et al., (1973). Construction of Biologically Functional Bacterial Plasmids In Vitro. Proceedings of the National Academy of Sciences of the United States of America, Volume 70, Issue 11, pp.3240~3244.

3. Rudolf Jaenisch & Beatrice Mintz. (1974). Simian Virus 40 DNA Sequences in DNA of Healthy Adult Mice Derived from Preimplantation Blastocysts Injected with Viral DNA. Proceedings of the National Academy of Sciences of the United States of America, Voume 71, Issue 4, pp. 1250~1254.

4. P.C. Steptoe & R.G. Edwards (1978). Birth after the reimplantation of a human embryo. The Lancet, Volume 312, Issue 8085, p.366.

5. I. Wilmut et al., (1997). Viable offspring derived from fetal and adult mammalian cells. Nature, Volume 385, Issue 6619, pp.810~813.

6. Shimomura. O. (2005). The Discovery of Aequorin and Green Fluorescent Protein. Journal of Microscopy, Volume 217, Issue 1, pp.3~15.

7. Mario R. Capecchi. (1989). The New Mouse Genetics: Altering the Genome by Gene Targeting. Trends in Genetics, Volume 5, Issue 3, pp.70~76.

8. James A. Thomson et al., (1998). Embryonic Stem Cell Lines Derived from Human Blastocysts. Science, Volume 282, Issue 5391, pp.1145~1147.

9. Michio Tomura et al., (2008). Monitoring Cellular Movement in vivo with Photoconvertible Fluorescence Protein "Kaede" Transgenic Mice. Proceedings of the National Academy of Sciences of the United States of America, Volume 105, Issue 31, pp.10871~10876.

10. Seema S. Lakdawala & Vineet D. Menachery. (2020). The Search for a COVID-19 Animal Model. Science, Volume 368, Issue 6494, pp.942~943.

11. E-Chiang Lee et al., (2014). Complete Humanization of the Mouse Immunoglobulin Loci Enables Efficient Therapeutic Antibody Discovery. Nature Biotechnology, Volume 32, Issue 4, pp.356~363.

12. Sayaka Wakayama et al., (2013). Successful Serial Recloning in the Mouse over Multiple Generations. Cell Stem Cell, Volume 12, Issue 3, pp.293~297.

13. Dirk J. van der Windt et al., (2012). Clinical Islet Xenotransplantation. Diabetes, Volume 61, Issue 12, pp.3046~3055.

14. Kyeong Cheon Jung et al., (2011). In Situ Induction of Dendritic Cell – Based T cell Tolerance in Humanized Mice and Nonhuman Primates. Journal of Experimental Medicine, Volume 208, Issue 12, pp.2477~2488.

15. Chung-Gyu Park et al., (2019). Current status of in South Korea. Xenotransplantation, Volume 26, Issue 1.

16. 통계청 e-나라지표 https://www.index.go.kr/

17. 건강보험심사평가원 국민관심질병통계

http://opendata.hira.or.kr/op/opc/olapMfrnIntrsIInsInfo.do/

18. Rebecca L. Brocato et al., (2021). Protective Efficacy of a SARS-CoV-2 DNA Vaccine in Wild-type and Immunosuppressed Syrian Hamsters. npj Vaccines, Volume 6, Article number 16.
Lisa H. Tostanoski et al., (2020). Ad26 Vaccine Protects Against SARS-CoV-2 Severe Clinical Disease in Hamsters. Nature Medicine, Volume 26, Issue 11, pp.1694~1700.

19. https://www.dailyvet.co.kr/news/practice/laboratory-animal/164646

20. IFA, Measuring the Benets: Companion Animals and the Health of Older Persons Full Report, 2014.

21. Benjamin L. Hart et al., (2020). Assisting Decision-Making on Age of Neutering for 35 Breeds of Dogs. Frontiers in veterinary science, Volume 7, p.388.

22. http://www.medicaldetectiondogs.org.uk

23. Lindblad-Toh et al., (2005). Genome sequence, comparative analysis and haplotype structure of the domestic dog. Volume 438, Issue 7069, pp. 803-819.

24. Elaine A. Ostrander et al., (2019). Canine Cancer Genomics. Annual Review of Animal Biosciences, Volume 7, Issue 7, pp.449~472.

25. http://vetstem.com

26. Andres Veske et al., (1999). Retinal Dystrophy of Swedish Briard/Briard–Beagle Dogs Is Due to a 4-bp Deletion inRPE65. Genomics, Volume 57, Issue 1, pp.57~61.

27. Gregory M. Acland et al., (2001). Gene Therapy Restores Vision in a

Canine Model of Childhood Blindness. Nature Genetics, Volume 28, Issue 1, pp.92~95.

James W.B. Bainbridge et al., (2008). Effect of Gene Therapy on Visual Function in Leber's Congenital Amaurosis. The New England journal of medicine, Volume 358, Issue 21, pp.2231~2240.

28. Fergus Walsh, Gene therapy to halt rare form of sight loss, BBC, 2020.2.17.

29. Leonela Amoasii et al., (2018). Gene Editing Restores Dystrophin Expression in a Canine Model of Duchenne Muscular Dystrophy. Science, Volume 362, Issue 6410, pp.86~91.

30. Hedwig et al., (2020). Long-term survival of transplanted Autologous Canine Liver Organoids in a COMMD1-deficient Dog Model of Metabolic liver disease. Cells, Volume 9, Issue 2, 410.

31. Jennie L. Rowell et al., (2011). Dog Models of Naturally Occurring Cancer. Trends in Molecular Medicine, Volume 17, Issue 7, pp.380~388.

32. Kim et al., 2021; Longitudinal evaluation of fecal microbiota transplantation for ameliorating calf diarrhea and improving growth performance

33. Egg. beef, port chicken, fish and milk production since 1980 and projected to 2050 (FAO 2018; Alexandratos and Bruinsma 2012).

34. Van Eenennaam AL. (2019) Application of genome editing in farm animals: cattle. Transgenic Research. 28 (suppl 2):93-100.

35. Numbers of U.S. cows and mean milk yield by year. Source: National Agricultural Statistics Service, U.S. Department of Agriculture: Washington, DC; http://www.nass.usda.gov (accessed April 2009).

36. 「한우 품종 '대형화'」, 『식품외식경제』, 2007년 12월 3일 기사 참조.

37. J B Gurdon. (1962). The Developmental Capacity of Nuclei taken from Intestinal Epithelium Cells of Feeding Tadpoles. Journal of Embryology and Experimental Morphology, Volume 10, Issue 4, pp.622~640.

38. I. Wilmut et al., (1996). Sheep Cloned by Nuclear Transfer from a Cultured Cell Line. Nature, Volume 380, Issue 6569, pp.64~66.

39. Zhen Liu et al., (2018). Cloning of Macaque Monkeys by Somatic Cell Nuclear Transfer, Cell, Volume 172, Issue 4, pp.881~887.

40. Yang et al., (2012). Phenotypic characterization of Hanwoo (native Korean cattle) cloned from somatic cells of a single adult, BMP Rep. 45(1):38-43.

41. Christoph Knosalla. (2018). Success for Pig-to-Baboon Heart Transplants. Nature, Volume 564, Issue 7736, pp.352~353.

42. Jun Wu et al., (2017). Interspecies Chimerism with Mammalian Pluripotent Stem Cells. Cell, Volume 168, Issue 3, pp.473~486.
    Rui Fu et al., (2019). Domesticated Cynomolgus Monkey Embryonic Stem Cells Allow the Generation of Neonatal Interspecies Chimeric Pigs. Protein & Cell, Volume 11, Issue 2, pp.97~107.

43. Pasqualino Loi et al., (2001). Genetic Rescue of an Endangered Mammal by Cross-pecies Nuclear Transfer Using Post-mortem Somatic Cells. Nature BioTechnology, Volume 19, Issue 10, pp.962~966..

44. www.iucnredlist.org

KI신서 11163

동물이 만드는 지구 절반의 세계

1판 1쇄 발행 2023년 9월 20일
1판 2쇄 발행 2024년 9월 19일

지은이 장구
펴낸이 김영곤
펴낸곳 ㈜북이십일 21세기북스

서가명강팀장 강지은 **서가명강팀** 강효원 서윤아
출판마케팅팀 한충희 남정한 나은경 정유진 최명열 한경화 백다희
디자인 THIS-COVER
제작팀 이영민 권경민

출판등록 2000년 5월 6일 제406-2003-061호
주소 (10881) 경기도 파주시 회동길 201 (문발동)
대표전화 031-955-2100 **팩스** 031-955-2151 **이메일** book21@book21.co.kr

(주)북이십일 경계를 허무는 콘텐츠 리더

21세기북스 채널에서 도서 정보와 다양한 영상자료, 이벤트를 만나세요!
페이스북 facebook.com/jiinpill21   포스트 post.naver.com/21c_editors
인스타그램 instagram.com/jiinpill21   홈페이지 www.book21.com
유튜브 youtube.com/book21pub

서울대 가지 않아도 들을 수 있는 명강의! 〈서가명강〉
유튜브, 네이버, 팟캐스트에서 '서가명강'을 검색해보세요!

ⓒ 장구, 2023

ISBN 979-11-7117-118-7 04300
     978-89-509-7942-3 (세트)